Alexander Brün

Wissen, Glauben, Handeln

Deutung der Lehren Rousseaus für unsere Zeit

Alexander Brün
Wissen, Glauben, Handeln
– Deutung der Lehren Rousseaus für unsere Zeit

ISBN: 978-3-7345-4989-2 (Paperback)
ISBN: 978-3-7345-5089-8 (Hardcover)
ISBN: 978-3-7345-5090-4 (e-Book)

© Verlag TREDITION, 2016 (Nachdruck der 1. Auflage 2008)

Inhalt

Einleitung

Im zunehmenden Maße wird heute für jeden philosophisch denkenden Menschen der grundlegende Zusammenhang zwischen der Philosophie einerseits und den Glaubensansichten der Religionen in der Frage der Weltanschauung andererseits deutlich. Der ewige Streit von der Anerkennung eines ursprünglichen Prinzips, sei es die Materie oder der Geist, führte in der Philosophie zu den beiden Hauptrichtungen, dem Materialismus und dem Idealismus. Auf der Woge der Metaphysik, die der Materialismus nach außen hin bestreitet, beschworen beide Richtungen ihre Wissenschaftlichkeit in der Weltanschauung und stehen bis heute in einem unüberbrückbaren Gegensatz zueinander. Die Religionen werden von ihnen als blinder Glaube angesehen und für phantastisch erklärt. Die Metaphysik führte jedoch zu keinen wissenschaftlich fundierten Aussagen über die Welt, und es war nur eine logische Schlussfolgerung, wenn sich immer mehr neuzeitliche Philosophen mit den Kernfragen von Wissen und Glauben und der Religion beschäftigen.

Die grundsätzliche Verurteilung des Glaubens in der Weltansicht durch Aristoteles, trotz seiner realistischen Ansicht über die Welt, führte zu vielen Verirrungen in den philosophischen Ansichten. Immer mehr wurde die menschliche Vernunft herausgefordert, die eine Bindung zwischen Wissen und Glauben sah und im Zuge der Aufklärung sich eine Religionsphilosophie herausbildete. Ihr hauptsächlichster Sinn war, die Religion unabhängig von einer übernatürlichen Offenbarung philosophisch zu begründen.

Durch Kritik an der Metaphysik und infolge des Fortschreitens der Naturwissenschaften kam es zur Infragestellung religiöser Anschauung, die auf Tradition und ihren Dogmen beruhte. Aber schon die chinesische Religion, insbesondere der Konfuzianismus, trug religionsphilosophischen Charakter und ging von einer teleologisch verstandenen Vernunftnatur des Menschen aus. Konfuzius war es auch, der die Grundsätze für den späteren und durch Rousseau begründeten religiösen Realismus schuf. Mit der Einbindung des Gewissens, als eine göttliche

Stimme, in die Vernunft des Menschen und seinem eindeutigen Bekenntnis zur Realität dieser Welt durchbrach er die Kluft zwischen Wissen und Glauben und schuf damit eine gläubig verehrende und ethisch orientierte Weltansicht.

Die von uns gefühlte göttliche Macht offenbart sich sehr anschaulich in den Gesetzmäßigkeiten der realen Welt und ihrer Harmonie.

Auch der Naturwissenschaftler fühlt diese uns überlegene Vernunft und erweist seine Demut zu dieser göttlichen Macht in einem religiösen Glauben, der seiner Vernunftserkenntnis entspricht. Auch Aristoteles fühlte diese göttliche Macht, nur wollte er sie mit Hilfe der Metaphysik nachweisbar machen. Diese göttliche Macht ist aber für uns Menschen nicht nachweisbar. Wahre philosophische Weisheit wird stets Wissen und Glauben im Blick auf das höchste Sein dieser Welt beinhalten und aus dieser Einsicht heraus seine Aussagen für den Menschen und sein Handeln treffen. Nur der aus dem Wissen geborene Glauben, der Vernunftsglauben, gibt uns die Orientierung für ein rechtschaffenes und glückliches Leben auf dieser Welt.

Wissen, Glauben und danach Handeln, das ist der Inhalt der natürlichen Religion, der aus der Vernunft des Menschen entspringt und ihm den wahren Sinn des Lebens gibt. Realität ist immer wahr, sie kann aber gut und auch grausam sein. Es liegt in der menschlichen Vernunft, dieses zu erkennen und dank der göttlichen Eingebung, durch das Gewissen, in freier Entscheidung den richtigen Weg zu wählen. Gewissen ist nach Rousseau Instinkt, unsterbliche und himmlische Stimme, die den Menschen gottähnlich macht. Reale Welt und Glaube an Gott bilden keinen Widerspruch. Diesen Zusammenhang sah auch Einstein als größtes Genie des 20. Jahrhunderts. Seine von ihm erklärte kosmische Religion bildete den Zusammenhang von realer Welt und der über uns waltenden überlegenen Vernunft, die er als Gott ansah. Diese über uns waltende überlegene Vernunft ist für uns Menschen wissenschaftlich nicht nachweisbar, aber dafür durch unsere Vernunft als zuversichtlicher Glaube in uns fest verbunden. Aus diesem Glauben heraus erwächst auch dem Menschen in erster Linie die Wertvorstellung über diese Welt, die ihn zu einem wahren ethischen und humanistischen Menschen macht. Die Stellung des Menschen in dieser realen Welt ergibt sich aus der Vereinigung von Geist und Materie als denkendes und schöpferisches Wesen Gottes, und die Frage der Weltanschauung wird immer eine Frage des Glaubens sowohl für den Gottesgläubigen wie Atheisten sein.

Ohne Sinn für das Unendliche, für das Göttliche, ist endliches Leben im Grunde sinnlos. Die Maxime elementarer Menschlichkeit gelten in allen großen Weltreligionen und sollten auch durch ihre Institutionen stets im Blickpunkt der Weltverantwortung stehen. Der Ethos der Welt sollte, wie nach Küng, die Religionen trotz ihrer unterschiedlichen Glaubensansichten im Ringen um eine friedfertige und humane Welt vereinen. Der Religionsfriede ist dringend erforderlich, damit der Welt der Friede erhalten werden kann. Der von Rousseau entwickelte religiöse Realismus, auf der Grundlage der natürlichen Religion, ist durchdrungen von der Idee zur Toleranz mit allen Religionen sowie des Humanismus in seiner Einheit von Weltanschauung, Ethik und der sich daraus ergebenden politischen Konsequenz für die Staaten der Welt. Ausgehend von dieser Tatsache entwickelte Rousseau seine Ideen vom Gesellschaftsvertrag. Der Gesellschaftsvertrag beinhaltet in Anlehnung an die Ansichten von Aristoteles die Grundideen eines humanistischen bürgerlichen Sozialstaates. Rousseaus Grundidee von der Gesellschaft und der Stellung des Menschen in der Gesellschaft basiert auf der Überzeugung, dass die soziale Ordnung nicht das Ergebnis einer historischen Evolution noch von Gesetzen, die außerhalb des Menschen wirken, sondern ein Akt individueller Willensäußerungen ist, die durch einen Gesellschaftsvertrag verbunden werden muss. Die Grundideen eines humanistischen bürgerlichen Sozialstaates können heute nur auf den von der UNO definierten und proklamierten Menschenrechten und Pflichten zur Geltung kommen. Alle Überlegungen von Rousseau münden in der festen Überzeugung, dass Menschlichkeit nur in der wahren Hinwendung des Menschen als Geschöpf zu Gott, seinem Schöpfer, sich durchsetzen wird.

Eine Glaubensentscheidung kann nicht außerhalb rationaler Prüfung und gegen die Vernunft gefällt werden.

Wissen und Glauben bilden in der Vernunft eine Einheit und das Wirken der Menschen in dieser Welt muss stets von der Vernunft getragen sein. Die humanistischen Ideen der Aufklärung haben nicht, wie es im Lehrbuch zur Geschichte der Philosophie behauptet wird, den bestehenden Konflikt zwischen Religion und Wissenschaft verschärft, sondern der Religion ihren gebührenden Platz neben Vernunft und Wissenschaft zugewiesen. Die zukünftige Gesellschaft wird, wie Herder es richtig feststellte, ihre höchste Vollendung in der Humanität und Religion finden. Religion aber als Glaubensansicht wird niemals zu einer Einheitsreligion führen. Ihre Gemeinsamkeit kann aber nur auf der Grundlage der Humanität, die fest in der Vernunft des Menschen eingebunden ist, Bestand haben. Die heutige Welt schreit förmlich nach der Verwirklichung der humanistischen Ideen der Aufklärung. Der menschliche schöpferische Geist hat solche Höhenzüge in Wissenschaft und Technik erreicht, dass sein Potential nicht mehr länger für globale Ausbeutung der Menschen und Zerstörung der Natur sowie der Aufrüstung genutzt werden darf. Der Geist muss über diese zerstörerische Macht siegen und die Politik auf die Durchsetzung der allseitigen Menschenrechte und der Erhaltung des Weltfriedens hinwirken. Das Gewissen, die göttliche Stimme, ermahnt uns zu dieser Vernunft.

I
Die reale Welt und der Glaube

1 Hauptrichtungen der Religionen und Philosophien und ihre Weltansichten

Mit der Herauslösung des Menschen aus dem Tierreich im Zuge der biologischen Evolutionsgeschichte in ihren vielfältigsten Formen vollzog sich die Entwicklung des menschlichen Denkens und damit der menschlichen Kultur, Religion und Philosophie.

Auf die einzelnen geschichtlichen Etappen der Menschheitsgeschichte soll hier nicht eingegangen werden, sie sind in den Bänden zur Weltgeschichte allseitig dargestellt worden. Der gewordene Mensch hat seine geistigen Fähigkeiten bis zur heutigen Höhe vollzogen. Bezeichnend ist jedoch, dass schon in den ersten Stufen des primitiven Menschen, mit dem Schaffen von Artefakten zur planvoll gestaltenden menschlichen Produktion sich Kunst und Religion entwickelten. Schon in der entferntesten Zeit des primitiven Menschen sind Kunstgegenstände der Malerei sowie Schnitzkunst in faszinierender Ausdrucksform dargestellt worden. Im Zuge der Freude am künstlerischen Schaffen sind religiös-kulturelle Motive entstanden, die auf die Anfänge religiösen Glaubens hinweisen. Stark ausgeprägt war der Glaube an Geister, der Opfer für eine Gottheit und an ein Jenseits.

Für die menschliche Entwicklung in allen seinen Phasen, von der Steinzeit bis zur heutigen modernen Gesellschaft, war die geistige Potenz die entscheidende Grundlage, auf der sich seine Fertigkeiten zur Erlangung materieller Güter und seines kulturellen und geistigen Lebens entwickelten. Die humane Evolutionsphase, das Tier-Mensch-Übergangsfeld, geht um eine Million Jahre zurück. Mit der Ingebrauchnahme der einfachsten Werkzeuge begann die humane Evolution, die bis zur Zivilisation unserer Tage sich vollzieht.

Treffend wird dieses dokumentiert im Buch der Weltgeschichte durch Gerhard Heberer, indem er feststellt: „Ein Gerät ist mehr als ein Werkzeug. Werkzeuggebrauch bei Tieren ist häufig, zum Teil verknüpft mit komplizierten angeborenen Verhaltensweisen (Instinktmechanismen). Wenn aber ein Instrument für bestimmte Tätigkeiten final und zukunftsbezogen hergerichtet ist, also artifiziell gestaltet und vielleicht auch wiederholt benutzt worden ist, dann liegt ein Gerät und damit eine humane Leistung des Gehirns vor; denn ohne adäquates Gehirn wäre die Hand allein nicht in der Lage, intentionell etwa einen Stein mit einer Schneidekante zu versehen. Affenhände tun das nicht." [1] S. 129

Generell stellt er fest, dass es nur einen sicheren Weg gibt, den Ursprung der Menschheit geographisch und zeitlich zu fixieren; durch die Erforschung der kulturellen Güter, die unsere Vorfahren hinterlassen haben. Bei der Betrachtung der menschlichen Entwicklung und des Denkens, als entscheidendes Attribut des Fortschritts in der gesellschaftlichen Entwicklung, ist die Frage des Bewusstseins, des Selbst und der Seele von entscheidender Bedeutung.

Die Unterscheidung zwischen der geistigen und der physikalischen Welt sind auch die unterschiedlichen Kerngedanken in den beiden philosophischen Weltanschauungen des Materialismus und des Idealismus. Die physikalische Welt ist durch Beobachtung jedem zugänglich, die geistige Welt hat keine materiellen Objekte und ist ausschließlich nur in Gedanken zugänglich.

Paul Davies erklärt in seinem Buch [2], dass unser Gedankenuniversum nicht von physikalischen Universum losgelöst, sondern fest mit ihm verbunden ist. Umgekehrt wirkt die geistige Welt durch das Phänomen des Willens auf die physikalische Welt. Dass der Geist nicht ein Produkt der Materie ist, hat insbesondere die Diskussion um die „künstliche Intelligenz" eindeutig herausgestellt. Der Geist ist keine physikalische

Substanz, sondern eine Art ätherisch schwer zu fassende Substanz. In diesem Streit der Philosophen zum Dualismus bildeten sich die strengsten Extreme heraus, der Materialismus und der Idealismus. Dazu sagt Davies: „Das eine Extrem ist der Materialismus, der die Existenz des Geistes ganz und gar bestreitet. Dem Materialismus sind geistige Zustände und Vorgänge nichts als physikalische Zustände und Vorgänge ...

Das andere Extrem finden wir in der Philosophie des Idealismus, die behauptet, die physikalische Welt existiere nicht; alles sei Wahrnehmung. Mir scheint die dualistische Theorie dem Trugschluss zu erliegen, dass sie eine Substanz heranzieht, um etwas zu erklären, was in Wirklichkeit ein abstrakter Begriff und kein Gegenstand ist." [2] S. 114

Das Leib-Seele-Problem beschäftigt besonders in jüngster Zeit viele Philosophen und Theologen, aber auch in immer stärkerem Maße die Naturwissenschaftler. Die bisherige Forschung auf dem Gebiet des Gehirns lässt keine Aussage zu, dass seelische Zustände in einer physikalischen Beschreibung des Gehirnzustandes automatisch enthalten sein müssen. Die meisten Gehirnphysiologen und auch Philosophen halten die Annahme eines immateriellen Bewusstseins des Menschen für unumgänglich. Daher ist die gefasste Definition über den Geist im Bertelsmann-Lexikon am wahrscheinlichsten, dass der Geist im Wirklichkeitsbereich neben der Materie, das belebende, beseelende, immaterielle Prinzip im Menschen und in allen Dingen, eine besondere Seinstufe ist. Wie schon erwähnt, setzt sich mit dieser Problematik von Geist und Seele besonders der Physiker Davies auseinander. Er meint, dass es in der geistigen Welt keine materiellen Objekte, sondern ausschließlich Gedanken gibt. Unser Gedankenuniversum ist nicht vom physikalischen Universum um uns herum losgelöst, sondern fest mit ihm verbunden. Alle neueren Erkenntnisse der Naturwissenschaft weisen eindeutig darauf hin, dass die scharfe kartesianische Unterscheidung zwischen Geist und Materie nicht länger aufrechterhalten werden kann. Immer mehr Geisteswissenschaftler, aber auch Naturwissenschaftler kommen zu der Ansicht, dass der Urquell und Urkern der Natur Geist ist und die für uns sinnlich erscheinende reale Welt die Verleiblichung des Geistes ist.

In Verabsolutierung der sinnlich erscheinenden realen Welt als Verleiblichung des Geistes kommt man sehr schnell zu der metaphysisch-philosophischen Annahme, wie es besonders Scheler getan hat, indem er den Geist als den Urgrund allen Seins erklärt und jede theistische Voraussetzung leugnet. Wörtlich erklärt er dazu: „Von vornherein ist nach unserer Anschauung Mensch- und Gottwerdung gegenseitig aufeinander angewiesen." [3] Neben den vielen guten Erkenntnissen über die Rolle und das Wesen des Menschen durch Scheler ergeht es jedoch jedem Metaphysiker, der den Logos des Menschen über die göttliche Vernunft stellt und damit auch den wahren Theismus, der sich im philosophischen Glauben kundtut, negiert, in reine subjektive Spekulationen, die er angeblich wissenschaftlich zu begründen glaubt. Der Kosmos, das Universum der Natur, ist die Materialisation des Geistigen und damit auch des Göttlichen. Von diesem Grundgedanken ausgehend kommt Einstein, den Davies unter den Wissenschaftlern denselben Rang zuspricht, wie ihn der Heilige Paulus unter den Christen innehatte, zu seiner kosmischen Religion. Er betont, dass auch alle religiösen Genies durch diese kosmische Religiosität ausgezeichnet waren, die keine Dogmen und keinen Gott kennt, der nach dem Bild des Menschen gestaltet wäre. Die Naturwissenschaftler haben die Erkenntnis des Menschen und zugleich seine Macht über die Natur in außerordentlicher Weise gesteigert. Sie führen aber nicht zur Lösung des Welträtsels über den Geist, es bleibt nach wie vor ein Glaube, ein Vernunftsglaube. Dieser Glaube aber gründet sich auf ein fundiertes Wissen über viele Zusammenhänge, die mit diesem Problem in Verbindung stehen und auch zum Teil durch naturwissenschaftliche Erkenntnisse begründet sind, sie bilden den Kern der religiösen, aber zugleich realen Weltanschauung.

Diese Weltanschauung ist nicht identisch mit der Naturwissenschaft selbst, sondern sie ist nur eine gewisse Deutung und Bewertung der naturwissenschaftlichen Erkenntnis und ihrer Ergebnisse. In dieser Weltanschauung ist für metaphysische Ansichten kein Platz vorhanden. Die grundsätzliche Aussage über die negative Rolle der Metaphysik im wissenschaftlichen Denken durch Rousseau ist durch nichts zu widerlegen.

Alle Versuche vieler Philosophen, der Metaphysik in ihren Ansichten über das Sein eine wissenschaftliche Existenz zu verleihen, sind gescheitert.

Rousseau sagt: „Die allgemeinen und abstrakten Ideen sind die Quellen der größten Irrtümer der Menschen. Niemals ist durch das Gerede der Metaphysik eine einzige Wahrheit entdeckt worden; aber es hat die Philosophie mit Ungereimtheiten angefüllt, deren man sich schämt, sobald man sie ihrer Großsprecherei entkleidet." [4] S. 285 – Die meisten real denkenden Philosophen der Aufklärung lehnten die Metaphysik als wissenschaftliche Methode im geistigen Schaffen ab. Sie negierten keineswegs die Religion. Ihre Absicht war es lediglich, der Religion ihren gebührenden Platz neben Vernunft und Wissenschaft zuzuweisen.

Welthistorisch gesehen entwickelten sich zuerst die Religionen, die am Anfang viel stärker die Komponente kosmischer Religiosität, wie sie besonders im Buddhismus und Konfuzianismus zum Ausdruck kamen, in sich trugen. Erst später vervollständigte sich die Philosophie als eigenständiges Gebiet außerhalb von Theologie und religiöser Lehre. Jede Philosophie hatte zur Aufgabe, mehr oder weniger eine geschlossene Weltanschauung mit den Ansichten über die Welt, die Natur, den Menschen und die Gesellschaft zu interpretieren. Dabei stand immer im Vordergrund die Frage nach dem Verhältnis von Geist und Materie. Nach 3 000 Jahren des Philosophierens und der damit verbundenen Versuche, positive Gottesbeweise zu erbringen oder die Nichtexistenz eines Gottes nachzuweisen, sind bisher immer gescheitert. Alle metaphysischen Spekulationen über Gott, Unsterblichkeit, Unendlichkeit u. a. gingen nicht auf. Die Vernunft des Menschen erwartet jedoch auf diese Fragen, wenn keine wissenschaftlich begründeten, so jedoch einsichtbare Erklärungen, die ihnen für ihr Weltbild und damit ihr praktisches Wirken in dieser Welt einen Halt geben.

Es gibt zwar eine Unterscheidung zwischen der Philosophie und der Theologie, dennoch sind religiöse Fragen nach wie vor das zentrale Thema fast aller idealistischen wie realistischen Philosophien. Wir müssen auf die Grundaussagen von Philosophie und Theologie zurückgehen, um ihre Gemeinsamkeiten zu verstehen. Diese Gemeinsamkeiten beruhen in erster Linie auf der sogenannten Ersten Philosophie nach Aristoteles und der theologia naturalis als Wissenschaft von Gott, die sich auf die natürliche Erkenntnisfähigkeit des Menschen beruft. Wichtig ist dabei, dass diese Theologie eine Wissenschaft ist, die die religiösen Glaubensaussagen systematisch reflektiert und entfaltet und somit den wahren philosophischen Glauben oder auch Vernunftsglauben beinhaltet. Die Erste Philosophie von Aristoteles erkannte keinen Glauben in der Wissenschaft an und erhob die Metaphysik zu einer Wissenschaft als einen Weg zur Erkenntnis des Seienden, insofern es ein Seiendes ist. Dieses erste und eigentliche Prinzip, welches nach seiner Auffassung stets das Bewegte bewegt und selbst unbewegt ist, ist ewig und göttlich. Die Metaphysik wurde zur ersten Wissenschaft erhoben und die Mathematik, Naturwissenschaft und Theologie waren für ihn nachgeordnete und betrachtende Wissenschaften. Wobei er schon damals nicht umhin kam, der Theologie den Vorzug vor den beiden anderen zu geben, weil sie sich mit dem Ehrwürdigsten aller Dinge, nämlich Gott beschäftigte.

Aristoteles fühlte eine göttliche Macht, die alles in dieser Welt bewegte, und wollte sie mit Hilfe der Metaphysik nachweisbar machen. Aus dieser inneren Einsicht gebar er den mystischen Realismus. Diesen Nachweis glaubte er mit Hilfe des menschlichen Logos führen zu können und lehnte auch daher jeden Glauben und daher auch jede Religion ab. Aristoteles scheint damals nicht den Ausspruch des Begründers des religiösen Realismus von Konfuzius gekannt zu haben, der sagte, dass er sich einen Menschen ohne Glauben nicht vorstellen konnte. Es war aber auch Konfuzius, der schon damals jede von einer Metaphysik getragene Weltansicht ablehnte. Die Apriorieinsicht beim Menschen, die eine Funktion des menschlichen Geistes ist und das kreative Denken des Menschen beflügelt, darf nicht zur geistigen Überheblichkeit und reinen Spekulation führen. Zur absoluten wissenschaftlichen Erkenntnis über Gott und die Welt wird der Mensch nie gelangen. Dieses Geheimnis ist von Gott ihm in seinem eigenen irdischen Interesse auferlegt worden.

Die philosophische Theologie erkennt die Grenzen der menschlichen Vernunft an und versucht mit Hilfe der Wissenschaft, einsichtbare Erkenntnisse aus der Natur heraus in glaubwürdige Bekenntnisse zur göttlichen Vernunft zu finden. Göttlichkeit ist nur im philosophischen Glauben, dem Vernunftsglauben zu erfassen. Philosophische Weisheit beinhaltet Wissen und Glauben im Blick auf das höchste Sein dieser Welt.

Im Unterschied zur philosophischen Theologie gründet die Offenbarungstheologie ihre Aussagen über Gott auf die von Gott her ergangene Offenbarung. Die reine Schrifterforschung der heiligen Bücher von Propheten der einzelnen Offenbarungsreligionen verkörpert nicht den wahren Sinn der Theologie. Eine Theologie, die jegliche evolutionäre Entwicklung in der Welt leugnet, steht im Widerspruch zur Wissenschaft und damit auch der Vernunft des Menschen, die eine Gabe Gottes ist. Der Jesuitenpater und Wissenschaftler Pierre Teilhard de Chardin, der versuchte, den christlichen Glauben mit der neuen evolutiven Sicht von Kosmos und Leben zusammen zu deuten, fand wenig Gehör beim Klerus.

Der religiöse Realismus, mit dem Grundgedanken der natürlichen Religion, ist die wahre philosophische Theologie und die Weltanschauung eines freien und vernunftsbegabten Menschen. Nach Herder ist der Mensch zur Humanität und Religion gebildet und nach seiner Auffassung ist daher die erste und letzte Philosophie immer Religion gewesen. In der Weltansicht machte sich die materialistische Philosophie dieses Problem viel einfacher, indem sie die Materie als das Ursprüngliche betrachtet und die Welt aus sich selbst zu erklären versucht. Obwohl sie ihre Ansichten als die einzig wahren und daher als wissenschaftlich begründet darstellen, verfallen sie in Wirklichkeit in die größten Spekulationen und leiten daraus gefährliche Ansichten über die Welt, den Menschen und die Gesellschaft ab. Gleichwohl sie die Metaphysik in ihren philosophischen Darlegungen strikt ablehnen, sind jedoch ihre grundsätzlichen Aussagen in ihrem Kern rein metaphysisch und daher spekulativ. Den Materialisten sei die Feststellung von Moewes ins Stammbuch geschrieben: „Vielleicht äußert sich gerade im Nicht-Glauben die Religiosität der Aufklärung. Aber glauben, dass man nicht glaubt, ist auch glauben. [71] S. 103

Ihre überhebliche Feststellung, dass der Idealismus stets auf Seiten der Religion und der Materialismus auf Seiten der Wissenschaft, insbesondere der Naturwissenschaft, steht, führte gerade in der Zeit der Aufklärung zu vielen Verwirrungen bei angesehenen Persönlichkeiten in Wissenschaft und Kultur. Der Materialismus lehnt jeglichen religiösen Glauben ab und steht daher in seinem Wesen der Religion feindlich gegenüber. Ihre vom Materialismus abgeleiteten ethischen Grundsätze für die Gesellschaft sind in der heutigen Zeit, ausgehend von den gesammelten praktischen Erfahrungen, als eindeutig überholt anzusehen.

Infolge der kulturellen und geistigen Entwicklung der menschlichen Gesellschaft und des damit verbundenen Fortschreitens des philosophischen Denkens entwickelt sich die dritte Hauptsäule in der Philosophie, der Realismus. Im Gegensatz zum Idealismus, bei dem die Wirklichkeit der Welt die Ideen sind, und zum Materialismus, bei dem die Erklärung der Welt vom Verhältnis der Körper untereinander benutzt und der Bereich des Geistigen als ein abgeleitetes Phänomen begriffen oder gar nicht behandelt wird, vertritt der Realismus einen Wirklichkeitsstandpunkt mit der Anschauung, dass das begriffliche Allgemeine auch außerhalb des menschlichen Denkens existiert und wirklich ist.

Nach von Gleich und Mellinger in ihrem Werk „Die Wahrheit als Gesamtumfang aller Weltansichten" [5] ist der philosophische Realismus Ausfluss einer seelischen Gleichgewichtshaltung des erkennenden Menschen, welche es möglich macht, den beiden Seiten des Universums gleichermaßen gerecht zu werden. Sie betonen, dass der echte Realist von einseitigen Spiritualisten leicht zum Materialisten und von einseitigen Materialisten als Spiritualist betrachtet wird, weil er beide Seiten des Daseins gleichermaßen umfasst und somit die gegensätzlichen Standpunkte zum Ausgleich bringt.

Diese Weltauffassung ist aber für sie nicht Mystik. Aber sie hat mit der Mystik das gemein, dass sie die objektive Wahrheit nicht als etwas in der Außenwelt Vorhandenes betrachtet, sondern als etwas, das sich im Inneren des Menschen wirklich ergreifen lässt.

Die Seelenhaltung der Mystik ist die Grundvoraussetzung für das einheitliche Erkenntnisleben des Realismus. In diesem Zusammenhang spricht man auch von einem mystischen Realismus, den auch nach ihrer Meinung Aristoteles vertrat. Es gibt eine vom menschlichen Denken unabhängige Wirklichkeit, die aber im Denken erkennbar ist. Der naive Realismus setzt diese Erkundbarkeit uneingeschränkt voraus, während der kritische Realismus eine Reinigung der Wahrnehmung von bloß subjektiven Momenten fordert. Besonders im 19. und 20. Jahrhundert überzog das realistische Denken viele philosophische Strömungen, leidet aber noch immer unter den Nachwirkungen des kantischen Subjektivismus.

Infolge der vielen Spekulationen, besonders im Spektrum der Metaphysik, ist die Philosophie heute als wissenschaftliche Disziplin mehr denn je in ihrer Existenz gefährdet. Die Erkenntnisse der Naturwissenschaften haben ihr ein breites Spektrum des traditionellen Arbeitsfeldes entzogen. Besonders der klassische Teil, die so genannte Erste Philosophie, die das „Seiende als Seiendes" zu untersuchen hatte und von Aristoteles auch „Metaphysik" genannt wurde, führte zu keinen wissenschaftlichen fundierten Aussagen über die Welt. Es ist daher nur eine logische Schlussfolgerung, wenn sich immer mehr die neuzeitliche Philosophie mit den Kernfragen vom Wissen und Glauben und der Religion beschäftigt. Am weitesten vorangeschritten ist auf diesem Gebiet der kritische Realismus, der jedoch, um wissenschaftlich zu erscheinen, einer so genannten deduktiven Metaphysik eine Existenz einräumt. Mit der Kritik an der Metaphysik und den Erkenntnissen aus der Naturwissenschaft bildete sich im Zuge der Aufklärung eine Religionsphilosophie heraus, die die Frage nach der religiösen Wahrheit mit den Mitteln des Denkens und der Vernunft zu beantworten versuchte. Es bildeten sich im Zuge dieses religiösen Einflusses auf die Philosophie solche Standardbegriffe wie Vernunftsglaube und philosophischer Glaube heraus. Jaspers begründet die neue Erfahrung in der Eigenständigkeit der Philosophie so: „Philosophie ist nicht Wissenschaft im Sinne der modernen Wissenschaften. Philosophie ist Erkennen nicht im Sinne der Allgemeingültigkeit für jeden Verstand, sondern ist Denkbewegung der Erhellung des philosophischen Glaubens." [6] – Seit jeher hat die Religion eine wichtige Rolle in der Geschichte der Philosophie gespielt. Im philosophischen Denken des Ostens ist beides kaum unterscheidbar. Wenn auch die großen Philosophen der Antike und des Ostens die Lehre von Göttern bestritten, sahen sie eine äußere Macht oder einen Urgrund, der außerhalb des Weltgeschehens existiert, und der mystische Gedanke war immer zugegen.

Grundsätzlich hatten Religion und wichtige Philosophierichtungen, außer der materialistischen Philosophie, stets eine enge Beziehung zueinander. So wie sich die großen Religionen in zwei Gruppen unterscheiden, die östliche in „Religionen des ewigen Weltgesetzes" und die westliche in die „geschichtliche Gottesoffenbarung", so teilten sich auch die philosophischen Strömungen auseinander. Selbst in der Zeit der Aufklärung löste sich die Philosophie nicht endgültig aus ihren religiösen und theologischen Beziehungen. Wenn man die Grundzüge der Philosophie der Aufklärung richtig betrachtet, dann war es auch nicht ihr Ziel, sich von der Religion schlechthin zu trennen, sondern den Glauben mehr an das Wissen herauszuführen. Die Zeit der Aufklärung wird nach der griechischen Antike und der Renaissance mit vollem Recht als eine neue Morgendämmerung und als eine der erfolgreichsten Epochen der westlichen Philosophiegeschichte angesehen. Es war René Descartes, der diese neue philosophische Etappe einleitete und die Vernunft des Menschen aus dem Halbdunkel der Religion erhob. Descartes wird als der Stammesvater der modernen Philosophie angesehen. Mit seinem philosophischen Denken leitete er die Ära der Aufklärung ein, um die Philosophie aus dem Dunkel der Scholastik herauszuführen. Er knüpfte an die antike Philosophie von Platon und Aristoteles an und stellte die Vernunft in den Mittelpunkt seiner philosophischen Betrachtungen. Jedoch beruhte die menschliche Vernunft für ihn auf einer strikten Trennung von Geist und Körper, die nach dem heutigen Stand der Wissenschaft nicht mehr zu vertreten ist. Wie Aristoteles verfolgte auch er die Auffassung, dass Gott als eine Substanz, die unendlich und unabhängig von allem Seienden ist, existiert. Dieses unendliche Wesen war für ihn höchst vollkommen und im höchsten Grade wahr und notwendig. [7] Als Metaphysiker hoffte er mit Hilfe der Vernunft das Wesen Gottes zu erkennen und damit einen philosophischen Gottesbeweis zu liefern. Wie Aristoteles lehnte er jeden religiösen Glauben an Gott ab und war der Begründer eines mystischen Rationalismus, der auch den Realismus in sich einschloss.

Diesem mystischen Rationalismus folgten in der Denktradition von Descartes auch Spinoza und andere Philosophen der Aufklärung.

Das Anliegen jedoch der meisten Philosophen dieser Zeit war es, nicht die Religion zu negieren, sondern den Glauben näher mit der Wissenschaft und Vernunft zu verbinden. Die Warnung der großen Philosophen dieser Zeit war stets darauf gerichtet, sich nicht auf Grund der naturwissenschaftlichen Erkenntnisse von Gott zu entfernen. Sie wiesen aber gleichzeitig auch darauf hin, dass Glaube nicht allein auf Tradition beruhen darf. Er muss ständig im Ringen mit der Wissenschaft seine Aktualität bewahren und das seelische Gleichgewicht erhalten. Dieser Aufgabe widmete sich besonders Kant, der als großer Verehrer der Ideen von Rousseau sich den Fragen von Wissen und Glauben zuwandte. Leider wurde sein Wirken im Hinblick auf die Theorie „vom Ding an sich" und damit doch der Abkehr vom Realismus dieser Aufgabe nicht gerecht. Kants größter Fehler war, dass er sich auch nicht von der Metaphysik trennen konnte. Wissen und Glauben bilden eine Einheit und sind in der Weltanschauung durch metaphysische Ansichten nicht in Einklang zu bringen. Rousseau war der Begründer einer neuen Religionsphilosophie, mit seinen klaren Aussagen zur natürlichen Religion und damit dem wahren Glauben, den man heute den Vernunftsglauben oder philosophischen Glauben nennt. Wenn auch die Philosophen aller Schattierungen, einschließlich der Materialisten, durch die Ideen von Rousseau sich stark angegriffen fühlten und ihn zu negieren versuchten, sind seine Ideen unsterblich. Sein oberstes Prinzip war, dass ein Geisteswissenschaftler sich niemals dem Modetrend und der Käuflichkeit unterwerfen darf und nur seinem Gewissen folgen muss. Neben seiner Weltanschauung und seinem Glauben achtete er jeden Glauben an Gott, ganz gleich welcher Konfession, wenn er aufrichtig und ehrlich ist und nicht in Fanatismus ausartet und damit der Menschheit schadet. Er sah es als eine große Dummheit an zu behaupten, dass die Welt nicht eine teleologische Entwicklung hat, weil sie so viel Leid und Elend bewirkt. Jeder Prozess hat seine Geburtswehen und der der Menschheit erst recht. Gott schuf für alle irdischen und überirdischen Prozesse seine Gesetze. Nur der Mensch kann sie dank seiner Intelligenz nutzen. Ob sie zu seinem Wohl gereichen, bedarf es jedoch der Vernunft. Jeder Verstoß oder Missbrauch seiner Gesetze bringt dem Menschen nur Unheil. Wunder gibt es in der Natur nicht, weil sie außerhalb der Gesetze stehen würden und daher Unsinn bedeuteten.

Wenn diese Welt nicht von einer göttlichen Vernunft, nach Einstein der uns überlegenen Vernunft genannt, geleitet wird, dann ist diese Welt sinnlos und jedes vernunftsbegabte Lebewesen ein Nichts. Es ist doch heute keine unumstößliche Behauptung mehr, dass alle bedeutenden Naturwissenschaftler von Galilei bis Einstein ehrfürchtige und religiöse Menschen waren. Nur ihre religiösen Ansichten waren mit dem Offenbarungsglauben schwer vereinbar. Sie waren aber tolerant und ließen jede Glaubensansicht, wenn sie von tiefer innerer Einsicht geprägt war, gelten. Die Frage nach der Existenz Gottes stand immer im Mittelpunkt der wichtigsten Religionen und Philosophien. Damit einher geht die grundsätzliche Frage nach dem Verhältnis von Wissen und Glauben zu den Grundproblemen über das Sein. Zu einseitig wurde diese Thematik sowohl in der Theologie als auch in den beiden Hauptrichtigen der Philosophie, dem Idealismus und dem Materialismus, behandelt. Jegliche Religion verinnerlicht in sich gläubig eine verehrende Anerkennung bestimmter transzendenter Mächte, die sowohl in persönlicher als auch unpersönlicher Gestalt angenommen werden. Die heutigen fünf großen Weltreligionen lassen sich in zwei entscheidende Gruppen unterscheiden, in die Religionen des ewigen Weltgesetzes und der geschichtlichen

Gottesoffenbarung. Wichtig dabei ist, dass alle diese Religionen vom Ursprung her ethische Hochreligionen sind. Dazu sagte Glasenapp in seinem Buch „Die fünf Weltreligionen" folgendes: „Die ethischen Hochreligionen verbinden diese Überzeugung mit dem Glauben an eine sittliche Ordnung der Welt; dieser Glaube findet in der Vorstellung von einer sittlichen Verantwortung für das Handeln, von einer gerechten Vergeltung allen Tuns und von der Möglichkeit eines Fortschritts zur höchsten Vollkommenheit seinen Ausdruck." [8] S. 9 – Im Kern eines jeden Glaubens steht die ethische Komponente, die sittliche Verantwortung für das Handeln eines wahrhaft gläubigen Menschen im Vordergrund. Diesen ethischen Grundsätzen müssten sich heute alle religiösen Würdenträger wieder bewusst werden und ihr Handeln danach ausrichten. Der Fundamentalismus ist heute die größte Gefahr für alle diese ethischen Hochreligionen; sie müssen daher zu ihren eigentlichen Grundsätzen zurückkehren und den Religionsfrieden sichern.

Keine Religion hat das Recht, sich zur einzig wahren Religion zu erklären und Andersgläubige zu Gottlosen und Feinden der Menschheit zu verdammen. Nach wie vor ist das Anliegen der Philosophie, aber auch der Religionen, nicht nur Weltansichten zu begründen, sondern auch nach ihren ethischen und politischen Grundsätzen gesellschaftliche Ordnungen zu deuten. Die antike Philosophie, besonders durch ihren Wortführer Platon, verteidigte die Sklavenordnung und sah deren „Demokratie" als die ideale Staatsform an. In der Zeit der Scholastik unter der Dominanz des Katholizismus, wo die Philosophie als Magd der Offenbarungstheologie fungierte und der Papst als der einzige Repräsentant Gottes auf Erden angesehen wurde, begleiteten deren politische Grundsätze die Ordnung der Leibeigenschaft in der gesamten Epoche des Feudalismus. Mit der Aufklärung begann eine neue Morgendämmerung der Zivilisation, die weittragende philosophische Erkenntnisse brachte und dem aufstrebenden Bürgertum die ihnen angemessene philosophische Richtung, den Liberalismus, schenkte, der fortan zur Leitphilosophie des Kapitalismus wurde. Die wahren Grundsätze der Aufklärung, die eine demokratische und humanistische Gesellschaftsordnung beinhalteten, kamen jedoch nicht zum Tragen. Auf dem Fuße der Aufklärung folgte jedoch die langersehnte Idee der Materialisten, die Idee des Kommunismus.

Im Taumel dieser atheistischen Philosophie folgten ihre Ableger, die Anhänger des so genannten Dynamismus. Zu diesem Dynamismus vertreten von Gleich und Mellinger [5] mit vollem Recht die Auffassung, dass mit dem Dynamismus als Weltbild auf Dauer zu leben es unmöglich sei. Man stirbt seelisch an ihm und büßt sein Menschentum ein. Der Dynamismus betrachtet die Menschenseele nicht als vernunfterfüllte, moralisch verantwortliche, freie Persönlichkeit, sondern nur als naturhaftes Geschlechts- und Gattungswesen. Sie betonen, dass Antihumanismus und Nihilismus die praktischen Lebenskonsequenzen des Dynamismus sind und immer zu einer düsteren Weltansicht und zum Pessimismus neigen. Für sie steht fest, dass der böse Dämon des Dynamismus das deutsche Volk verführt und vergewaltigt hat. Typische Vertreter dieser Philosophierichtung sind für sie Hobbes, Schopenhauer, Dühring, Nietzsche und Wagner. Ihre Einschätzung zum Dynamismus besteht zu vollem Recht, dabei war es der Nihilismus, der die theoretische Grundlage für den Faschismus bildete. Alle letztgenannten so genannten modernen Philosophierichtungen und ihre Ableger, als Folge der nichtbewältigten Aufklärung, müssen heute als hoffnungslos kompromittiert und überholt angesehen werden. Aus den bitteren Erfahrungen der Geschichte sind heute hohe ethische Anforderungen sowohl an die Philosophie als auch Religion gestellt.

Die Ideologieströmungen, verstanden als ein gebundenes System von Weltanschauungen und Wertungen, widerspiegeln sich, wie bereits dargelegt, nicht nur in philosophischen, sondern auch in religiösen Ansichten. Besonders gefährlich werden solche Ideologieströmungen, wenn sie zu alleinigen Wahrheitsansichten deklariert und der Versuch unternommen wird, sie mit allen Mitteln in der gesellschaftlichen Praxis durchzusetzen. Dazu zählen besonders in unserer Zeit der marxistische Materialismus, der Liberalismus sowie der islamische Fundamentalismus und der Klerikalismus.

Wer heute von den Philosophen immer noch Rousseau als Philosoph ablehnt und seine Werke als überholt ansieht, hat selbst nichts von der Philosophie begriffen. Auch ist es eine Schmach für die gesamte gegenwärtige Philosophie, wenn sie in ihrem Standardwerk über die Geschichte der Philosophie [9] Rousseau nicht unter den Gelehrten der Aufklärung, sondern der Revolution neben Marx und Lenin ansiedelt. Man mag über Revolution in der gesellschaftlichen Entwicklung geteilter Meinung sein, aber hätte man die Französische Revolution und auch die Oktoberrevolution im politischen Sinne von Rousseau und Herder geführt, wäre der Menschheit viel Leid erspart geblieben. Den Missbrauch ihrer humanistischen Ideen sah Herder voraus, indem er sagte: „Freiheit, Gerechtigkeit und Gleichheit, wie sie jetzt überall aufkeimen, sie haben in tausend Mißbräuchen Übeles gestiftet und werdens stiften." [10] S. 369 – Ihre Ideen, in der Einheit von Vernunft getragener religiöser Weltansicht und des Humanismus im praktischen gesellschaftlichen Leben, werden die Grundpfeiler einer neuen menschlichen Gesellschaft sein. Gegen alle Materialisten und Nihilisten sowie sonstigen Vertreter menschenentwürdigter Theorien riefen sie die Wahrheit in die Welt hinaus, dass der Mensch zur Humanität und Religion gebildet ist.

Nicht Kant hat das große Gesetz der Billigkeit erkannt, dass nach seiner Meinung rein naturgemäß zwingend sich vollzieht, sondern Rousseau, der es aus den Regungen des Gewissens ansah. Dazu sagt Rousseau: „Selbst die Vorschrift, gegen andere so zu handeln, wie wir wünschen, dass man gegen uns handele, hat ihre wirkliche Begründung nur im Gewissen und im Gefühl." Und weiter sagt er in diesem Zusammenhang: „Die aus der Selbstliebe abgeleitete Menschenliebe ist die Grundlage der menschlichen Gerechtigkeit. Die Summe aller Moral ist in den Geboten des Evangelismus zusammengefaßt." [4] S. 239 – Gewissen ist aber nach Rousseau Instinkt, unsterbliche und himmlische Stimme, die den Menschen gottähnlich macht. Es genügt aber nicht, dass diese himmlische Stimme existiert, man muss sie auch erkennen und ihr folgen.

Selbst Dilthey als Vertreter der Hermeneutik und ebenfalls ein entschiedener Antimetaphysiker kommt in seinem Werk „Die geistige Welt" zu der Feststellung, dass alles, was groß ist und das Leben für den Menschen lebenswert macht, auf dem nie wankenden Grunde des Gewissens ruht. [72] Diesem aus der Göttlichkeit begründeten „Zwang" zur Humanität widerstreben sich alle metaphysisch denkenden Philosophen, da es ihrer so genannten Wissenschaftlichkeit widerspricht. Sie bekommen auch für ihre Ansichten viel Anerkennung und fühlen sich im Recht, da die bisherige menschliche Entwicklung gegen die Vernunft und durch Unrecht, Terror und Krieg gekennzeichnet ist. Diesen Leuten hat Rousseau sehr eindeutig auf die Stirn geschrieben, indem er sagt: „Übrigens stoßen sie alles um, was die Menschen achten, zerstören es, treten es mit Füßen und nehmen damit den Bekümmerten den letzten Trost in ihrem Elend mit den Mächtigen und Reichen, den einzigen Zügel ihrer Leidenschaften. Dem Verbrechen nehmen sie die Gewissensbisse, der Tugend nehmen sie die Hoffnung und rühmen sich noch, die Wohltäter der Menschheit zu sein." [4] S. 332

Alle Philosophen, die der Metaphysik anhängig sind, negieren das Gewissen als eine Stimme Gottes und treten somit aus reinem Argwohn gegen die Vernunft auf. Selbst Stalin, als einer der Hauptvertreter des atheistischen Materialismus, war nach Aussagen seines persönlichen Leibwächters ein gläubiger Mensch und betete heimlich in einer der Kapellen des Kremls zu Gott. In diesem Zusammenhang bewahrheitet sich der alte Ausspruch sehr deutlich, dass auch dem größten Schurken einmal die Stunde des Gewissens schlägt. Rousseau, der die wahre Philosophie, den religiösen Realismus in Gestalt der natürlichen Religion verkündete, zog die unbändige Wut sowohl des Klerus, der Metaphysiker als auch der Materialisten auf sich, er wurde und konnte nicht von der bisher beherrschten geistigen sowie politischen Welt akzeptiert werden. Rousseau musste auf Grund der damaligen Verhältnisse sein großes Werk, das seine Philosophie in den drei Bestandteilen, der Weltanschauung, der Ethik und der politischen Grundsätze, darstellte, unter unwürdigsten Bedingungen entwerfen. Nur unter Beachtung seiner Grundansicht aus dieser Zeit, dass weise Menschen besonders vorsichtig sein müssen, um ihr Ziel zu erreichen, gelang ihm diese geniale List. Bis zum heutigen Tage können viele der so genannten gelehrten Hellseher das große Werk dieses Mannes nicht erkennen, ganz gleich, aus welchen Motiven dieses ihnen nicht gelang. Noch bis in die heutige Zeit hinein steht die grundsätzliche Frage zur wahren Deutung des Verhältnisses von Wissen und Glauben im Mittelpunkt der geistigen Auseinandersetzung, in die auch immer mehr die Naturwissenschaftler eingreifen. Sie ist aber ohne deutliche Bestimmung der Rolle des Menschen und seiner Vernunft nicht zu beantworten.

Nach der Definition des Bertelsmann-Lexikons ist der Theismus eine religiöse oder philosophische Überzeugung von der Existenz eines göttlichen Wesens und nicht, wie in der Enzyklopädie der Philosophie ausgewiesen, die Glaubensannahme eines persönlichen lebendigen Gottes und seines Wirkens in der Welt. Jeder vernunftsbegabte Philosoph, der den Theismus in seine Weltansicht einbezieht, kommt an der theologia naturalis, oder auch philosophischen Theologie genannt, nicht vorbei. Der wahre philosophische Glauben gründet sich auf die natürliche Erkenntnisfähigkeit des Menschen und sieht auch daher keine Schranken zwischen Religion und Philosophie.

Philosophien und Religionen in ihren vielfältigsten Daseinsweisen waren und sind in der menschlichen Entwicklung nicht wegzudenken. Sie sind vielfältig und entsprechend dem jeweiligen Erkenntnis- und Glaubensstand relevant. Sie haben alle ihre berechtigte Daseinsweise, wenn sie die Züge der Humanität, als göttliche Vernunft, in sich tragen. Keiner hat neben Rousseau und Herder die Humanisierung so deutlich beschrieben, wie es Scheler in seinem Werk „Philosophische Weltanschauung" getan hat, indem er sagt: „Es gibt keinen Menschen als Ding, sondern es gibt nur eine ewige mögliche, in jedem Zeitpunkte frei zu vollziehende Humanisierung, eine auch in historischer Zeit nie ruhende Menschenwerdung – oft mit gewaltigen Rückschlägen in relativer Vertierung. In jedem Augenblick des Lebens kämpfen diese Rückschläge im Einzelnen und in ganzen Völkern mit dem Prozess der Humanisierung.

Das ist die Idee der Humanität und der Kern der antiken wie christlichen ‚Vergottung' zugleich. Die Idee der Humanisierung und zugleich Vergottung ist vom Gedanken der ‚Bildung' ebenso untrennbar wie der Gedanke des ‚Mikrokosmos'." [11]

Wenn Scheler auch den Theismus negiert und den Menschen in seiner Selbstverwirklichung zu einem Wesen der Göttlichkeit erhebt, kommt er nicht umhin zu erklären: „Humanisierung ist zugleich Selbstdeifizierung und Mitverwirklichung der Idee der Gottheit." [11] Die Idee der Gottheit ist ohne Gott selbst aber nicht denkbar. Letztlich gipfelt die philosophische Anthropologie von Scheler in der materialistischen Anthropologie von Feuerbach, der den Menschen auch zu einem Gott erhob. Im Lehrbuch zu den Grundlagen der marxistischen Philosophie heißt es in diesem Zusammenhang zu der Rolle Feuerbachs wörtlich: „Er behauptet mit Recht, dass die Menschen selbst die Götter geschaffen hätten, dass sie ihr menschliches Wesen auf die Gottheit übertrugen und ihre Gefühle der Abhängigkeit, der Furcht, der Liebe, der Dankbarkeit und der Ehrfurcht verabsolutierten. Hier war Feuerbach nahe daran, die erkenntnistheoretischen Wurzeln der Religion aufzudecken. Feuerbach lehnt nun zwar die früheren Religionen ab, verkündet jedoch eine neue Religion, eine Religion ‚ohne Gott', eine Religion der Liebe." [65] S. 88, 89 – Diesen philosophischen Ausschweifungen tritt am deutlichsten Hornung entgegen, indem er sagt: „Der Versuch, Gott aus unserem Leben zu verbannen, endet noch immer mit einer Tragödie – einer persönlichen oder der ganzer Völker." [12] Im gleichen Werk zitiert Hornung den Philosophen Gollwitzer, der zu dieser zentralen philosophischen Frage meint: „Wo der Mensch zum höchsten Wesen für den Menschen werden will, anstatt sich als Geschöpf und Kind Gottes anzunehmen, endet er in neuer Sklaverei." Die Warnung der Großen ging immer davon aus, sich nicht auf Grund der naturwissenschaftlichen Erkenntnisse von Gott zu entfernen. Gott und menschliche Erkenntnis dürfen sich nicht entzweien. Gott gab nur den Menschen im Zuge der Evolution den Geist, um die Natur zu erkennen und sie als das Werk Gottes zu betrachten. Der Mensch, als ein irdisches, vernunftsbegabtes und endliches Wesen, muss sich den Attributen der göttlichen Ewigkeit, Unendlichkeit und Sterblichkeit beugen, er ist zum göttlichen Glauben verpflichtet, ohne ein Charlatan der Metaphysik zu sein.

Zwischen wahrer Philosophie und Religion gibt es keinen unüberbrückbaren Widerspruch. Der eherne Grundsatz lautet dazu: Erst müsst ihr Gott richtig begreifen, dann werdet ihr das Leben und seine Gestaltung verstehen. – Den scheinbaren Widerspruch zwischen Philosophie und Religion in der Weltansicht kann nur eine wahre Religionsphilosophie, wie sie sich im religiösen Realismus darstellt, überwinden.

2   Die ewige Frage nach dem Sein und
die Rolle der Metaphysik

Bereits seit den ältesten Zeiten stellt sich dem philosophisch denkenden Menschen die Frage nach dem Wesen, dem Grund und Zweck der Dinge und des Lebens. Der Mensch in seinem Wissensdrang will seit jeher die Wirklichkeit, den Urgrund der Welt und des menschlichen Daseins erkennen. Die großen griechischen Denker der Antike von Permenedes über Platon bis Aristoteles widmeten sich besonders den Problemen des eigentlichen Seins. Besonders Aristoteles war es, der die Erste Philosophie als Erforschung der ersten Prinzipien und Ursachen, und zwar des Seienden, insofern es ein Seiendes ist, bestimmte. Mit der Frage nach dem Seienden wurde auch die Frage nach der Göttlichkeit als den unbewegten Beweger, als besondere Wissenschaft gestellt. Mit dieser hohen Zielstellung als Wissenschaft von den „letzten Dingen" wurde die spekulative Metaphysik aus der Taufe gehoben. Grundanliegen war dabei, mit den Möglichkeiten der menschlichen Vernunft, das wahre Sein und Gott zu erkennen. Seither versuchten sich viele philosophische Richtungen mit Hilfe der Metaphysik dieser Grundfrage zu stellen und entwickelten dabei die seltsamsten spekulativen Theorien.

Für Aristoteles war klar, dass man von einem Wissen im Einzelfall nur dann sprechen kann, wenn man die erste Ursache kennt, und dass dem Menschen durch seine Vernunft diese Erkenntnis gegeben ist. Aristoteles setzte seine Erste Wissenschaft vom Sein, insofern es seiend ist, vor alle anderen Wissenschaften, auch der Naturwissenschaft. Nach seiner Meinung ist nur der Philosoph in der Lage, die sichersten Prinzipien über das Sein zu liefern. Alle übrigen Wissenschaften umschreiben nur ein bestimmtes Seiendes, sie stellen keine Erörterungen über das Was an, sondern nehmen es als Voraussetzung an. Aristoteles ging davon aus, dass das erste Seiende das Wesen ist und die Grundfrage der Philosophie bildet.

Nach Aristoteles gibt es drei Wesen. Einerseits das sinnlich erfassbare Wesen, dass in ein ewiges und ein vergängliches Wesen unterteilt wird, und andererseits das unbewegliche Wesen. Die ersten beiden Wesen gehören zur Naturwissenschaft, denn sie sind mit Bewegung verbunden. Das ewige und unbewegliche Wesen ist aber die Vernunft selbst, denn die Verwirklichung der Vernunft ist Leben, jener aber ist die Verwirklichung. Im gleichen Zusammenhang sagt Aristoteles, dass seine Verwirklichung bestes und ewiges Leben ist. Wörtlich sagt er dazu: „... dass Gott ein lebendes, ewiges und bestes Wesen sei". [13] S. 314 – Wenn Aristoteles Gott als ein lebendes, ewiges und bestes Wesen ansieht, dem ununterbrochenes, fortdauerndes und ewiges Leben zukommt, dann meint er in keinem Fall ein Lebewesen in menschlicher Gestalt. Im Hinblick auf die göttliche Vernunft zieht Aristoteles eine klare Trennung zwischen Denken und Vernunft. Denn Denken und Tätigkeit des Denkens kommt auch dem zu, der das Schlechteste denkt. Das Denken aber der Vernunft ist Denken des Denkens und eine solche Kraft besitzt die göttliche Vernunft. Diese göttliche Vernunft ist der Feldherr, wie er sagt. Der Feldherr existiert aber nicht durch die Ordnung, sondern die Ordnung des Seins durch ihn. In seiner Kritik an der Ideenlehre Platons vertritt er konsequent die Auffassung, dass die Ideen nicht die Ursache der Veränderung der Sinnesdinge sind, es kann nicht das Wesen von dem existieren, dessen Wesen es ist. „Wie können Ideen, wenn sie die Wesen der Dinge sind, getrennt von ihnen existieren?" [13] S. 338 – In der Auseinandersetzung mit Platons Ideenlehre begründete Aristoteles den Realismus. Es ist die entscheidende philosophische Hauptrichtung der Mitte zwischen den Extremen des Idealismus und des Materialismus. Nach dieser folgerichtigen Erkenntnis ging er jedoch in seiner Lehre weit darüber hinaus, indem er die Erkennbarkeit des unbewegten Bewegens, der Gottheit als eine besondere Wissenschaft hervorhob und damit die Metaphysik als den notwendigen Abschluss dieser allgemeinen Seinslehre darstellte.

In der klassischen Philosophie gab es für die Begründer in der Wissenschaft keinen Platz für den Glauben. Es gab nur ein Wissen und Meinen, wobei die allgemeine Auffassung darin bestand, dass mit Hilfe des menschlichen Denkvermögens, der Weisheit, die ersten Ursachen des Seienden erfasst werden müssen. Mit Hilfe der Metaphysik hoffte man, eines Tages das Wesen Gottes zu erfassen. Der Wissende sollte die absolute Wahrheit der Welt erkennen: „Denn im Hinblick auf den Wissenden steht der bloß Meinende in keinem gesunden Verhältnis zur Wahrheit." [13] S. 98 – Wie schwierig aber die Erlangung dieser Wahrheit ist, erkannt Aristoteles schon damals in der Formulierung der Grundfrage der Philosophie, indem er sagt: „Und die Frage, die bereits von alters her erhoben wurde, die auch heute erhoben wird und immer erhoben werden und Gegenstand der Ratlosigkeit sein wird, was nämlich das Seiende sei, bedeutet nichts weiter als, was das Wesen sei." [13] S. 165

Die Notwendigkeit eines ersten Bewegenden hatte Aristoteles richtig erkannt und begründet. Denn wie sollte sich etwas bewegen, wenn es keine Ursache der Verwirklichung geben sollte. Für das Gute und Beste in der Natur des Ganzen musste es nach Aristoteles, mit vollem Recht, eine Ordnung und einen Ordner (Feldherrn) geben, der dieses bewirkt. Es ist und bleibt der Stachel eines vernunftsbegabten Menschen, nach diesem Wesen der Ordnung zu forschen, wobei die Metaphysik ihr Mittel ist. Aristoteles sagt: „Alle Menschen streben von Natur aus nach Wissen. Wir suchen die Prinzipien und Ursachen des Seienden, insofern es ein Seiendes ist." [13] Selbst Kant, der die Erkennbarkeit Gottes mit Hilfe der reinen Vernunft bezweifelte, räumte der Metaphysik im Rahmen seiner Transzendentalphilosophie große Bedeutung bei.

Die Metaphysiker aller Schattierungen und zu allen Zeiten wollten und wollen wissenschaftlich erscheinen und spekulieren dieser Erscheinung nach. Doch alle metaphysischen Ansichten sind in Wahrheit wissenschaftlich verbrämter Unsinn und müssen auch so gewertet werden. Mit Recht wird dazu von Jan Moewes gesagt: „Auch die Frage nach dem Ursprung des Ganzen zeugt von einem gewissen Größenwahn. Es ist der Versuch, etwas in eine Schublade zu zwängen, das jede Schublade sprengt, und dahinter steht der Wunsch, sich über etwas zu erheben, über dem es nichts geben kann." [71] S. 102 – In seinem gesamten Werk geht Moewes sehr kritisch mit der Arroganz und Überheblichkeit der Naturwissenschaftler zu Werke, die glauben, den Kosmos und die Welt mit der menschlichen Intelligenz zu erklären und dass der Mensch die

Krone der Schöpfung sei. In diesem Zusammenhang sagt er: „Dann werden wir verstehen, dass unser Leben Teil eines großen Lebens ist und unsere Intelligenz eingebettet in eine größere Intelligenz. Dann werden wir wieder Respekt haben vor dem, was uns völlig enthält, und dann werden wir es vielleicht wieder verstehen." [71] S. 27

Wahrheit durch Glauben kann aber nur mit einer von Vernunft getragenen Gewissheit gefühlt, aber nicht wissenschaftlich bewiesen werden. Dennoch hat aber die Wissenschaft kein Recht, einen Vernunftsglauben generell abzulehnen oder sogar zu diskriminieren. In jüngster Zeit versuchen gerade die Naturwissenschaftler solche Fragen über Gott und das Sein, die ihnen Aristoteles schon damals nicht zuschrieb, zu lösen. In seinem Buch „Gott und die moderne Physik" [2] erklärt Davies, dass wir Gott finden müssen, sofern er auffindbar ist, durch das, was wir über die Welt entdecken, und nicht durch das, was zu entdecken wir nicht imstande sind. Hier sagt Davies aber nicht die volle Wahrheit, denn im Grunde geht es diesen Naturwissenschaftlern, wie Moewes richtig feststellt, darum, mit dem Versuch einer rein physikalischen Erklärung des Kosmos auch den Versuch zu unternehmen, die Nichtexistenz Gottes zu beweisen. Dazu stellt Moewes fest: „Würde man die begehrte ‚Einheitsformel' endlich finden, die den Kosmos im Großen wie im Kleinen beschreibt, wäre tatsächlich kein Platz mehr für Gott im Raum. Aber diese Formel müßte in der Mitte auch den Menschen mit erfassen, oder sie bleibt unvollkommen. Da nun Gottes Existenz nie nachgewiesen werden konnte, wird es auch nicht leicht sein, seine Abwesenheit zu beweisen." [71] S. 104 – Weiter sagt er: „So gesehen wird Gott oder nicht Gott wohl noch Tausende von Jahren eine Sache des Glaubens sein und nicht des Wissens." [ebd.] Dem Gläubigen schenkt Moewes aber den gebührenden Respekt und meint: „Wahrscheinlich ist es für den Gläubigen ein Vorteil, dass sich ihm die dümmsten Fragen von selbst verbieten. Ein Vorteil für die Welt, die ihn umgibt, ist der Respekt gegenüber der Schöpfung, den jeder Gott verlangt. Und dass der Glaube beruhigt, indem er viele Ängste nimmt, ist auch nicht zu verachten. Warum auch hier unsere Kultur die weniger vorteilhafte Sicht der Dinge wählt und den gottlosen Kosmos vorzieht, bleibt ein Rätsel." [71] S. 104/105

Zu solchen grundsätzlichen weltanschaulichen Fragen sollten sich die Naturwissenschaftler mehr in Demut begeben, so wie es Einstein und andere große Genies getan haben. Die Naturwissenschaftler vieler Bereiche wollen in ihrem übersteigerten Übermut das Dasein Gottes oder aber auch sein Nichtdasein erforschen. Über die Grenzen der Wissenschaft ist viel bisher diskutiert und geschrieben worden. Im Mittelpunkt dieser Diskussion steht immer die Frage im Vordergrund nach dem Sein oder Nichtsein. Die griechischen Philosophen wollten wissen, was ist und was Gott oder das Göttliche ist. Sie waren der festen Überzeugung, dass mit Hilfe der menschlichen Deutungskraft, als endliche Wesen, das Ursächlichste der Welt dem Menschen zugänglich ist. Die theologischen Fragen gehörten in der Antike zum wesentlichen Bestandteil der Philosophie als Ausdruck des höchsten Wissens um das höchste Seiende. Glaube stand für die klassische Philosophie nicht zur Diskussion, sondern nur Wissen und Meinen, es war das Resultat der übersteigerten Gewissheit, ja sogar Überheblichkeit in der gefassten Zuversicht zur Erkennung der ursächlichsten Zusammenhänge dieser Welt durch den menschlichen Logos. Sie lehnten jede religiöse Ansicht ab. Vom wissenschaftlichen Ehrgeiz gepackt, kam für die Philosophie der Antike eine solche Ansicht nicht in Betracht. Dem verehrenden Glauben an eine solche göttliche Macht setzten sie ihre spekulative Ansicht in Form der Metaphysik in den Vordergrund.

Der überwiegende Teil der Naturwissenschaftler lehnt auch heute jegliche religiöse Ansicht in der Weltanschauung ab. Im Vorwort zum Buch von Davies schreibt Heiner von Ditfurth: „Davies sagt am Anfang seines Buchs, dass für ihn die Wissenschaft einen verläßlicheren Weg zu Gott darstellt als die Religion. Auf einer der letzten Seiten heißt es dann gleichwohl, dass es töricht sei, damit zu rechnen, dass die Fragen nach Gott und nach dem Sinn menschlicher Existenz im Verlaufe physikalischer Forschung eine Antwort finden könnten." Weiter heißt es: „Auch die Naturwissenschaften haben auf die Frage, ob Gott existiert, keinen

Beweis anzubieten." [2] S. 11 – In seinem Werk diskreditiert Davies die Religion allgemein und meint doch in Wahrheit die Offenbarungsreligion, denn anders ist seine Feststellung nicht zu verstehen, indem der meint: „... alle neuen Entdeckungen und neuartigen Vorstellungen bedrohten die Religion, für die Wissenschaft hingegen seien neue Tatsachen und Vorstellungen geradezu das Lebenselixier schlechthin. So kommt es, dass im Lauf der Jahre naturwissenschaftliche Entdeckungen einen Widerstreit zwischen Naturwissenschaft und Religion entfacht haben." [2] S. 283

Diese allgemeine Feststellung trifft in keinem Fall auf die Religionen des chinesischen Universums und der natürlichen Religion zu. Diese Religionen verbindet die Identität von Wissen und Glauben in der Vernunft an eine göttliche Macht und ihr Vernunftsglaube steht in keinem Widerspruch zur Wissenschaft. Diese Religionen haben jedoch die Grenzen der Wissenschaft erkannt und lehnen die Metaphysik ab. Ihr Glaube ist von der Gewissheit an eine göttliche Macht getragen und ist in der Vernunft des Menschen eingebettet. Vernunft ist aber nicht nur reine Logik, sondern beinhaltet Wissen und Gewissen, welche jeden ehrlichen Wissenschaftler zur Demut und zum ehrlichen Staunen über die Schönheit und Ordnung der Welt, die sich uns als eine überlegene Vernunft Gottes offenbart, hervorruft. Wenn jedoch nach Davies' Meinung die Naturwissenschaft generell im krassen Widerspruch zur Religion steht, dann übernimmt sie die Funktion, die Ditfurth in seinem Vorwort wörtlich meint: „Die Naturwissenschaften sind nichts Geringeres als die Fortsetzung der Metaphysik mit anderen Mitteln." [2] S. 11 – In Fortsetzung der aristotelischen Tradition bedienten und bedienen sich die ungläubigen Philosophen stets der Metaphysik und brachten damit die Philosophie immer mehr ins Abseits, ihre Ansichten sind reine Spekulationen.

Die ungläubigen Naturwissenschaftler greifen jetzt ebenfalls im Wahn ihrer Überheblichkeit zur Metaphysik und entwickeln die reinsten Spekulationen in Fragen über Gott und die Welt. Einstein als einer der größten Genies der Naturwissenschaften hegte mit vollem Recht zwar ein starkes Misstrauen gegenüber der Vorstellung eines persönlichen

Gottes, jedoch nahm er nie eine Trennung von Religion und Wissenschaft vor, für ihn stand die kosmische Religiosität im Vordergrund. Wörtlich sagt er dazu: „Ansätze zur kosmischen Religiosität finden sich bereits auf früher Entwicklungsstufe, z. B. in manchen Psalmen Davids sowie bei einigen Propheten. Viel stärker ist die Komponente kosmischer Religiosität im Buddhismus, was uns besonders Schopenhauers wunderbare Schriften gelehrt haben. – Die religiösen Genies aller Zeiten waren durch diese kosmische Religiosität ausgezeichnet, die keine Dogmen und keinen Gott kennt, der nach dem Bild des Menschen gedacht wäre." [14] S. 16 – Für Einstein war die kosmische Religiosität, die ich mit dem Vernunftsglauben der natürlichen Religion gleichsetze, die stärkste und edelste Triebfeder wissenschaftlicher Forschung. In diesem Zusammenhang sagt er: „Es ist die kosmische Religiosität, die solche Kräfte spendet. Ein Zeitgenosse hat nicht mit Unrecht gesagt, dass die ernsthaften Forscher in unserer im allgemeinen materialistisch eingestellten Zeit die einzigen tief religiösen Menschen seien." [14] S. 18 – Für Einstein bildete die überlegene Vernunft, die sich in der erfahrbaren Welt offenbart, seinen Gottesbegriff. Die Vereinbarkeit von Wissen und Glauben war auch für Einstein ein sehr inneres Bedürfnis und er trennte die Wissenschaft niemals von der Religion, wenn diese den wahren, den Vernunftsglauben in sich trägt.

Auch die Philosophie der Materialisten ist reinste Metaphysik, jedoch noch einen Grad schlimmer gegenüber der aristotelischen, da sie den Atheismus propagiert und ihre Lehre als die alleinige angeblich wissenschaftlich begründete Weltanschauung betrachtet. Was Aristoteles aus seiner Zeit in der Frage des Verhältnisses von Wissen und Glauben nicht sah, wurde für die Philosophie nach dem Christentum zu einer Grundsatzfrage. Diese Ansicht bekräftigt insbesondere Lowith [15], indem er meint, dass die Frage des Verhältnisses von Wissen und Glauben voraussetzt, dass philosophisches Wissen von sich aus ein Verhältnis zum Glauben hat. Diese Voraussetzung fehlt der gesamten griechischen Philosophie, weil sie ein höchstes Wissen um das höchste Seiende zum Inhalt hatte. Die griechische Philosophie hatte sich mit der populären

Göttergeschichte und Mythen auseinander zu setzen. Die nachchristliche Philosophie setzte sich in erster Linie mit dem dogmatischen Anspruch eines Offenbarungsglaubens auseinander oder musste sich in der Epoche der Scholastik in den meisten Fällen dem unterordnen.

Wir müssen heute erkennen, dass das höchste Wissen um das höchste Seiende, wie es die griechischen Philosophen anstrebten, immer ein suchender Weg bleiben wird. Die reine Wahrheit ist nur für Gott allein gegeben. Gerade die Verzweiflung an der Philosophie der Metaphysik trieb zum Sprung in den Glauben. Diesen Weg der Metaphysik als Weg von den Grenzen der Wissenschaft an die Grenzen der Religion hat Aloys Wenzl in seinem gleichnamigen Werk [16] sehr deutlich dargelegt. Jedoch wie alle kritischen Realisten bleibt auch er der so genannten deduktiven Metaphysik treu. Daher ist es auch nicht verwunderlich, dass er als kritischer Realist keinen Bezug zu den Erkenntnissen über den Vernunftsglauben und der natürlichen Religion, wie sie Rousseau dargelegt hat, nimmt. Es war aber in erster Linie Rousseau, der im Zeitalter der Aufklärung mit den gesamten spekulativen Erkenntnissen der Metaphysiker brach. Er baute auf dem damaligen erreichten Stand der Wissenschaft seine Glaubensgrundsätze auf und begründete die natürliche Religion, die auf keinen dogmatischen, sondern auf dem reinen Vernunftsglauben beruht. Leider hat auch Kant als einer der bedeutendsten Vertreter der Aufklärung die Erkenntnisse von Rousseau nicht beachtet. Neben den vielen guten Grundsätzen in seinen Ansichten verlor er sich jedoch letztendlich mit seiner Transzendentalphilosophie in das Fahrwasser der reinen spekulativen Metaphysik. Es ist jedoch eine weit verbreitete Tatsache, dass Menschen, die dem Wissenschaftsfanatismus verfallen sind, sich sehr schwer oder gar nicht von der Metaphysik lossagen können. Ein Bekenntnis zu Gott und dem Übergang zum Vernunftsglauben ist ihnen nicht mehr gegeben. Sie akzeptieren nicht die Grenzen der Wissenschaft und stoßen im transzendenten Bereich immer ins Leere. Ihre Spekulationen tun der Menschheit so lange nicht weh, solange sie nicht zu Ideologien entwickelt und auf die gesellschaftliche Praxis gerichtet sind.

Die nachfolgenden Philosophen der Gegenaufklärung, allen voran Hegel und Marx, nahmen in dieser Hinsicht einen sehr unrühmlichen Weg. In seinem Werk „Vom Ursprung und Ende der Metaphysik" [17] vermerkt Topitsch sehr treffend: „Für beide Denker (Hegel und Marx) ist die Geschichte die providentiell garantierte Selbstverwirklichung des wahrhaft Guten, nur in verschiedenem Sinne: ‚Was vernünftig ist, das ist wirklich, und was wirklich ist, das ist vernünftig.' Daraus folgte die Annahme der Allmacht und Ursächlichkeit eines Weltprinzips." Der hegelianische Geschichtslogos vom „Gesetz des geschichtlichen Fortschritts" prägte sehr eindeutig die marxistische Philosophie, deren Folgen in der Anwendung auf die gesellschaftliche Praxis verheerende Auswirkungen hatte. Es ist nur bedauerlich, dass Topitsch nach einer solchen gründlichen Analyse der Metaphysik in seinen Schlussfolgerungen im reinen Pragmatismus endet.

Wenn Topitsch am Anfang seines Werkes sehr richtig feststellt, dass mit dem Ringen um grundsätzliche Antworten zum Universum, zu Frieden, Zuversicht, Glückseligkeit sich Mythos, Religion und Philosophie begegnen. Es ist jedoch falsch, wenn er in seiner Analyse alle diese geistigen Richtungen sowohl der Religionen und Philosophien in einen Topf der Metaphysik wirft und sie alle als überholt ansieht. In seinen Schlussfolgerungen kommt er auch daher zu der Aussage, indem er wörtlich meint: „Heute ist selbstverständlich, dass der Wettlauf unseren Wertpostulaten gegenüber indifferent ist. Ideologisches Denken spielt keine Rolle mehr. Die Menschen gewöhnen sich an die ‚Entzauberung der Welt', bis sie den ganzen Vorgang nicht mehr als solchen empfinden: Die Anpassung des Gefühlslebens an die Erkenntnis ist vollzogen. Auf diese Weise erledigen sich weltanschauliche Probleme von selbst, nicht indem sie eine Antwort finden, sondern indem sie gegenstandslos werden." [17]

Damit trifft er eine Absage an jede Philosophie und Religion und sieht die Wertpostulate eigenständig neben der Vernunft des Menschen stehen. Zu einer solchen irrigen Schlussfolgerung kommt man aber nur, wenn man die grundsätzliche Frage der Vernunft nicht begriffen hat. Zu

Recht weist er darauf hin, dass auch durch Platon und Aristoteles die Vernunft nicht definiert ist und ihre gesamte Argumentation dazu sich in leeren Tautologien bewegt. Vernunft aber beinhaltet Wissen und Gewissen, in der die Elemente von Logos und Mythos nicht zu trennen sind. Gewissen ist nach Rousseau die himmlische Stimme Gottes, die dem vernünftigen Menschen die Wertpostulate in seine Seele ruft und ihn erst zum wahrhaft vernunftsbegabten Menschen macht. Nur durch die Vernunft gelangt der Mensch zu einer wahren Weltansicht, zu einer Vision, die ihm erst das Leben lebenswert macht und seine ethischen Grundsätze festigt. Die zukünftige Gesellschaft wird Religion und Humanität in sich vereinigen und ist nach Herder auch dazu berufen. Für Topitsch ist auch die Natürliche Religion und der Vernunftsglauben nichts weiter als ein dogmatisches Streben im Rahmen der Metaphysik. In der heutigen Zeit sind solche reinen pragmatischen Schlussfolgerungen der Zündstoff für das Walten und Schalten, insbesondere des Neoliberalismus im Weltmaßstab, dem sich auch die Dogmatiker des Marxismus voll angeschlossen haben.

Die weise Voraussicht von Rousseau über das Ende der Metaphysik hat sich im Verlaufe der Geschichte bewahrheitet. Seine prophetischen Worte haben volle Gültigkeit behalten, wo er sagte: „Hab den Mut, dich auch vor Philosophen zu Gott zu bekennen; hab den Mut, den Unduldsamen Menschlichkeit zu predigen; du wirst damit vielleicht allein bleiben, aber du wirst in dir selbst ein Zeugnis tragen, das dich von dem der Menschen entbindet. Ob sie dich lieben oder hassen, ob sie deine Schriften lesen oder verachten, es ist gleichgültig. Sag, was wahr ist, tu, was gut ist. Die Hauptsache auf dieser Erde ist, seine Pflicht zu erfüllen." [4] S. 334 – Der religiöse Realismus, wie ihn Rousseau in seinen Glaubensgrundsätzen darlegte, hat große Bedeutung für die Philosophie des 21. Jahrhunderts. Diese Weltanschauung gründet sich auf den realen Einsichten über unsere Welt und stellt allen metaphysischen Spekulationen den wahren Glauben, den Vernunftsglauben, entgegen. Die philosophische Morgendämmerung der Aufklärung wird das Dunkel der Gegenaufklärung durchbrechen und im hellen Glanz erscheinen.

Frage nach dem Sein und Rolle der Metaphysik

Die Metaphysik hat sich nach seinem Begründer, Aristoteles, das Ziel gesetzt, mit Hilfe des menschlichen Logos die letzten Gründe und Zusammenhänge des Seins zu ergründen. Sein ist Wirklichkeit und Realität und für den Menschen auch so weit erkennbar, soweit es nicht jenseits seines Sinnesbereiches und damit seiner endlichen Vernunft liegt. Rousseaus Aussage bewahrheitet sich immer mehr, dass das unbegreifliche, alles umfassende Wesen, das die Welt bewegt und die ganze Ordnung des Seienden schafft, für uns Menschen unsichtbar und ungreifbar ist. Es entzieht sich unseren Sinnen.

3   Der Mensch und seine Stellung in dieser Welt

Die Entwicklung des Menschen und seine Rolle im welthistorischen Entwicklungsprozess wurde bisher von den philosophischen Richtungen sehr unterschiedlich interpretiert und aus der Sicht der jeweiligen Weltanschauung dargestellt. Besonders die Religionen, aber auch bestimmte philosophische Richtungen, die den biologischen Evolutionsprozess in der Entwicklung der Menschheit ablehnten und den fertigen Menschen in die Anfänge der Weltgeschichte, von einem höheren Schöpfer hineingestellt, sehen, gerieten mit der Entwicklung der Naturwissenschaft sehr bald in unüberbrückbare Konflikte. Die Entwicklung der Naturwissenschaften musste zwangsläufig mit einer solchen Weltanschauung in Widerspruch geraten. Besonders in der Zeit, als die Philosophie der Theologie als Magd zu dienen hatte, wurde in leichtfertiger Weise und oftmals eng an die Interessen herrschender Kreise geknüpft jeglicher menschlicher Entwicklungsprozess von der realen objektiven Welt geleugnet und bekämpft. Die gegenwärtige Kirche als Institution und Träger dieser Weltanschauung versucht sich zwar den weltgeschichtlich veränderten Entwicklungsbedingungen zur Erhaltung ihrer Einflusssphäre auf den Menschen im Rahmen ihrer Möglichkeiten anzupassen, vermag jedoch keine entscheidende Antwort auf die Fragen des Lebens und der Entwicklung des Menschen zu geben.

Max Scheler wird als Begründer der philosophischen Anthropologie angesehen und hat in seinem Werk „Die Stellung des Menschen im Kosmos" die anthropologischen Ansichten einer Analyse unterzogen und die nach seiner Auffassung drei Grundrichtungen wie die naturwissenschaftliche, philosophische und theologische Anthropologie herausgestellt. Dabei kam er zu der Feststellung, dass allen drei Ideenkreisen jede Einheit untereinander fehlt. Wörtlich sagt er dazu: „Eine einheitliche Idee vom Menschen besitzen wir nicht." [3] Eine solche Einschätzung ergibt sich jedoch von selbst, da jede anthropologische Ansicht immer auch an eine Weltanschauung gebunden ist und daher eine einheitliche Auffassung ausschließt. Seine grundsätzliche Auffassung über die Stel-

lung des Menschen gründet sich zwar auf den Grundsätzen der grie-
chisch-antiken Philosophie, er akzeptiert aber nicht die so genannte teleologische Weltanschauung, wie sie auch von der gesamten theistischen
Philosophie des Abendlandes beherrscht wird. Scheler behauptet sinngemäß, dass der Geist zwar eigenes Wesen und Gesetzlichkeit hat, aber
keinerlei ursprüngliche Eigenenergie besitze. Scheler hat jede theistische
Voraussetzung in dieser Grundsatzfrage geleugnet. Für Scheler sind das
menschliche Selbst und das menschliche Herz der einzige Ort der Gottwerdung, der ihm zugänglich ist – aber ein wahrer Teil dieses transzendenten Prozesses selbst. Für ihn ist von vornherein Mensch- und Gottwerdung gegenseitig aufeinander angewiesen. In diesem Zusammenhang trat auch Scheler entschieden gegen die „konstante" Vernunft-
sorganisation, wie sie Kant angenommen hatte und durch Fichte in diesem Zusammenhang besonders verstärkt wurde, entgegen.

Gottlieb Fichte kam, ausgehend von dieser kantischen Grundauffassung, in seinem Werk „Die Bestimmung des Menschen" zu folgendem
Schluss: „Insofern ist alles gut, was da geschieht, und absolut zweckmä-
ßig. Es ist nur eine Welt möglich, eine durchaus gute. Alles, was sich in
dieser Welt ereignet, dient zur Verbesserung und Bildung des Menschen
und vermittels dieser zur Herbeiführung ihres irdischen Ziels. Dieser
höhere Weltplan ist es, was wir Natur nennen, wenn wir sagen: Die Natur führt den Menschen durch Mangel zum Fleiße, durch die Übel der
allgemeinen Unordnung zu einer rechtlichen Verfassung, durch die
Drangsale ihrer unaufhörlichen Kriege zum endlichen ewigen Frieden.
Dein Wille Unendlicher, deine Vorsehung allein ist diese höhere Natur."
[18] S. 177 – Dazu stellt Scheler mit vollem Recht fest, dass die Vernunft-
sorganisation niemals vorgegeben sein kann, sie unterliegt prinzipiell
dem geschichtlichen Wandel. So konsequent, wie er die kantische Ver-
nunftsorganisation ablehnte, so eindeutig lehnte er auch alle naturalisti-
schen Lehren, ob es die mechanischen oder vitalistischen Typen sind, ab.
Das Wesen des Menschen, was man seine „Sonderstellung" nennen
kann, steht für Scheler hoch über dem, was man Intelligenz und Wahlfä-
higkeit nennt. Wörtlich sagt er dazu: „Das neue Prinzip steht außerhalb

alles dessen, was wir ‚Leben' im weitesten Sinne nennen können. Das, was den Menschen allein zum Menschen macht, ist nicht eine neue Stufe des Lebens, der ‚Psyche', sondern es ist ein allem und jedem Leben überhaupt, auch dem Leben im Menschen entgegengesetztes Prinzip, eine echte neue Wesenstatsache, die als solche überhaupt nicht auf die ‚natürliche Lebensevolution' zurückgeführt werden kann, sondern, wenn auf etwas, nur auf den obersten einen Grund der Dinge selbst zurückfällt, auf den selben Grund, dessen eine große Manifestation das ‚Leben' ist. Schon die Griechen behaupteten ein solches Prinzip und nannten es ‚Vernunft'. [3] Scheler nahm für den Begriff Vernunft ein weiterumfassenderes Wort, das er „Geist" nannte. Das Aktzentrum aber, in dem Geist innerhalb endlicher Seinssphären erscheint, bezeichnet er als „Person" im scharfen Unterschied zu allen funktionellen Lebenszentren, die nach innen betrachtet auch „seelische Zentren" heißen. Für Scheler ist die geistige Grundbestimmung seines Wesens eine existentielle Entbundenheit vom Organischen, seine Freiheit und Ablösbarkeit.

In der Deutung aller dieser Grundsatzfragen lehnte er aber eine theistische Voraussetzung ab. Zum Ideenkreis der theologischen Anthropologie nahm er nur kurz Stellung und behandelte dabei nur die jüdisch-christliche Tradition. Zu den Ansichten über die Stellung des Menschen, wie sie von der natürlichen Religion durch Rousseau bezogen wurde, nahm er überhaupt nicht Stellung. Für einen waschechten Metaphysiker, vom Schlage eines Schlegel, waren die Lehren eines religiösen Realisten scheinbar ohne Bedeutung, denn es ist nicht anzunehmen, dass er seine Werke nicht kannte. Rousseau geht in seinen Betrachtungen über die Stellung des Menschen im Universum theistisch heran und bezieht sich auf seine drei Glaubensartikel, die besagen, dass ein Wille das Weltall bewegt und die Natur belebt. Zeigt die bewegte Materie einen Willen an, so zeigt die nach bestimmten Gesetzen bewegte Materie auch einen Verstand an. So existiert ein tätiges und denkendes Wesen. Diese spürbare Ordnung des Weltalls kündet von einer höchsten Intelligenz. Diese höchste Intelligenz erkannte auch Einstein und bezeichnete sie als eine uns „überlegene Vernunft". Dieses Wesen, das das All bewegt und alle Dinge ordnet, nennt Rousseau Gott. In der Ordnung dieser Dinge steht der Mensch infolge der evolutionären Entwicklung durch Herausbildung seines Verstandes und der damit sich entwickelnden Vernunft an erster Stellung unter allen Gattungen. Nach Rousseau ist der Mensch König der Erde und im naturwissenschaftlichen und philosophischen Vergleich mit Tieren erniedrigt er sich nur selbst. Der Mensch ist aber keine Einheit, er ist aktiv, wenn er auf die Vernunft hört, passiv, wenn seine Leidenschaften ihn fortreißen. Der Mensch ist Sklave durch seine Laster, aber frei durch sein Gewissen. Der Mensch ist frei und von keiner theistischen Voraussetzung in seinen Handlungen vorbestimmt.

Viele bekannte Philosophen, einschließlich Kant, behaupten, dass der Mensch von Natur aus böse ist. Rousseau sagt eindeutig, dass der Mensch von Natur aus gut ist. In dieser Grundsatzfrage zur Stellung des Menschen in der Welt nimmt Rousseau eine eindeutige Position ein. Der Mensch ist von Natur aus mit Verstand und Gewissen ausgestattet und sein tiefster innerer Hang neigt immer zum Guten. Die gesellschaftlichen Umstände machen erst den Menschen böse und grausam. Wenn der Mensch von Natur aus böse wäre, dann gebe es keinen Fortschritt in der gesellschaftlichen Entwicklung und es gebe auch keine Kultur und Zivilisation. Erst der Missbrauch unserer Kräfte macht uns nach Rousseau unglücklich und böse. Der Verstand allein täuscht uns oft, das Gewissen täuscht uns aber nie. Rousseau hält es nicht für unmöglich, dass das unmittelbare Prinzip des Gewissens sogar unabhängig von der Vernunft (gemeint Verstand) als Folge unserer Natur erklärt werden kann. Gewissen ist für Rousseau göttlicher Instinkt, eine unsterbliche und himmlische Stimme, die den Menschen gottähnlich macht. Eine Vernunft ohne Gewissen ist nach Rousseau eine grundsatzlose Vernunft, die sich von Irrtum zu Irrtum verliert. Für Rousseau gibt es im Gegensatz zu Scheler eine theistische Voraussetzung, die zwar nicht verbindend, aber die notwendig ist, um zu Tugend und Glückseligkeit zu gelangen. Wörtlich sagt er dazu: „Wenn es keine Gottheit gibt, so ist der Böse allein vernünftig, der Gute nur ein Narr." [4] S. 307 – Diese theistische Voraussetzung ist jedoch eingebunden in einem hohen Verantwortungsbewusstsein, das der

Mensch als freies Wesen dank seiner Urteilskraft erringen kann. Dazu sagt Rousseau: „Wenn der Mensch aktiv und frei ist, so handelt er aus freiem Antrieb. Alles, was er aus freiem Entschluß macht, gehört nicht in das geordnete Leben der Vorsehung und kann ihm nicht zur Last gelegt werden. Sie will das Böse nicht, das der Mensch tut, indem er die Freiheit missbraucht, die sie ihm gegeben hat. Aber sie hindert ihn nicht daran, es zu tun ..." Und weiter: „Sie hat ihn frei gemacht, damit er aus freier Wahl das Gute tue und nicht das Böse." [4] S. 293

Die zentrale Bedeutung in der Anthropologie und Ethik besitzt für Rousseau das Gewissen und die Erfahrung von der Nähe einer göttlichen Kraft, die der Mensch mit seinem Gewissen gewinnt. Gottesliebe und Selbstliebe gehen ineinander über. Aus dem Gewissen und seinem Gerechtigkeitsgefühl folgert Rousseau die Unsterblichkeit der Seele und die ausgleichende Gerechtigkeit nach dem Tode. Diese grundsätzlichen Aussagen in der Anthropologie trennen Rousseau von jeder antiken wie auch anderen Philosophie, sie verkörpern die Anthropologie des religiösen Realismus.

Die atheistisch materialistische Weltanschauung, besonders als Folge der Entwicklung der Naturwissenschaften geboren, verabsolutiert die menschliche Entwicklung als Ergebnis der materiellen Entwicklung der Welt und ist ebenfalls als ein Extrem menschlicher Verblendung anzusehen. Der Marxismus setzte dieser materialistischen Weltanschauung die Krone auf, indem er die menschliche Entwicklung als eine reine Widerspiegelung der Ökonomie und deren Produkt darstellte. Ihre Berufung auf den materialistischen Philosophen Feuerbach, als eine Quelle der marxistischen Philosophie, ist ein Hohn auf diesen großen Gelehrten, der zwar jegliche theistische Betrachtungsweise ausschloss und besonders stark die Offenbarungsreligion angriff, aber niemals den Menschen als ein Produkt der ökonomischen Entwicklung ansah. Für die eingeschworenen Marxisten blieb Feuerbach eine gespaltene Persönlichkeit, wörtlich meinen sie dazu: „Feuerbach war Materialist in bezug auf die Natur, aber Idealist in bezug auf die Gesellschaft." [65] S. 89 – Mit der Herausarbeitung des historischen Materialismus wurde von Marx der Versuch unternommen, die Gesetzmäßigkeit der Entwicklung der Natur auf die menschliche und daher gesellschaftliche Entwicklung zu übertragen. Diese eindeutige rein subjektive Betrachtungsweise über die Entwicklung des Menschen und seiner Stellung in der Gesellschaft führte zur Verzerrung des Menschenbildes und seiner Rolle im weltgeschichtlichen Ablauf. Die Offenbarungsreligionen negieren nach wie vor jeglichen natürlichen Entwicklungsprozess des Menschen. Sie setzen den vernunftsbegabten Menschen als fertiges Geschöpf Gottes in diese Welt und leugnen damit die natürlichen Vorgänge der bisherigen Menschenwerdung und damit gerade die entscheidenden göttlichen Merkmale des Menschen gegenüber der Tierwelt. Von den Theologen werden diese Merkmale des Menschen als fertige Gaben Gottes angesehen, die er je nach dem Grad seiner Veranlagung und des Charakters nutzt oder an das Böse, den Teufel preisgibt. Die Materialisten marxistischer Prägung sehen die Herausbildung solcher Merkmale des Menschen als Ergebnis der Entwicklung der Produktivkräfte und der sich darauf aufbauenden Produktionsverhältnisse an. Deshalb ist ja gerade die materialistisch marxistische Betrachtungsweise über die Entwicklung des Menschen so menschenverachtend und erniedrigend, weil sie die Entwicklung des geistig-intellektuellen Erkenntnisvermögens des Menschen auf solche Plattheiten der gesellschaftlichen Entwicklung stellt.

Solche Ansichten stehen im Widerspruch zur Vernunft des Menschen und seiner Schöpferkraft. Es ist heute eine unbestrittene Tatsache, dass sich aus den primitivsten Lebensformen in einem für den Menschen langwierigen Prozess der Homo sapiens als „fertiger Mensch" entwickelte, seine bewusste Geschichte mit der Sklaverei aufnahm und sich bis zum heutigen Tage mit vielen Qualen dieser Welt abgibt. Über die Frage des Lebens und der Entwicklung des Menschen hat meiner Auffassung nach keiner treffendere Aussagen gemacht als M. Bircher-Benner in seinem Werk „Fragen des Lebens und der Gesundheit" [19], die ich hier im Wesentlichen wiedergeben möchte. Das Werden des Lebendigen ist und bleibt für ihn ein ewiges Mysterium und als solches die große Frage, unter deren Banne die Menschheit von jeher gelebt hat, die Frage nach dem

„Woher", dem „Wie", dem „Wodurch" und dem „Wohin" des Lebens und unserer Selbst. Er stellt richtig fest, dass unser Leben mit dem Kosmos und seinem Schöpfer verbunden ist. Der ganze Kosmos stellt einen korrelations-dynamischen Funktionskomplex des Lebendigen dar. Auch wenn man sich mit der Darwinschen Lehre zufrieden geben könnte, bliebe dennoch die Grundfrage ungelöst. Wie entstand die erste Zelle des einzelligen Urlebewesens? Wie kamen sie zu den Bauplänen der so mannigfaltigen Organismen, die nur von ihr abstammten. Wohl entwickelt sich selbst der höchste Organismus aus einer einzigen Zelle, aus der Eizelle, aber aus diesen höchsten komplizierten Organismen geht wieder eine Eizelle hervor, die wiederum alle Potentiale in sich schließt, aus denen ein neuer komplizierter Organismus werden wird. In Bakterien finden sich Körnchen einer hochkomplizierten aufgebauten Substanz, die nirgends fehlt, wo Leben auftritt, das Nuklein bzw. das Chromotin. Man sieht in ihm den Träger der vererbbaren Eigenschaften. Das Bakterium kann doch aus sich heraus kein höheres Lebewesen schaffen, denn dazu fehlt ihm der Bauplan. In seinen weiteren Überlegungen kommt Bircher zu der Auffassung, dass mit eiserner Konsequenz uns die Naturwissenschaft zu dem logischen Schlusse führt, dass am Anfang aller Dinge der Impuls steht. Im Impuls bedarf es der Initiative, und Initiative ist ein Attribut des Geistes. Die geistige Wesenheit erteilt und erhält den Impuls, setzt den Weltäther in Bewegung. In die Welt der Spannungen und Antagonismen hinein tritt eine zielstrebige Idee mit dem Willen zur gemeinsamen Aktion, zur Partnerschaft, zum Synergismus, wodurch positive produktive Arbeit ermöglicht wird. Das ist nach seiner Auffassung das Urphänomen des Lebendigen und des Lebens. Das Lebendige wird somit durch eine neue Tat des Geistes, durch einen neuen Akt der Schöpfung, durch die Erschaffung eines neuen Reiches der Ordnungen. Er behauptet weiterhin, dass jedes Lebewesen seine ihm allein zugehörigen Bau- und Werkpläne als Potentiale im Leben miterhalten hat; gleichsam seinen Freikauf vom Schöpfer. Kein höheres geht aus einem niedrigen Wesen durch Entwicklung hervor. Die Entwicklung vollzieht sich potentiell vor der Schöpfung, im Geiste, und jedes Lebewesen entspricht einer Urkonzeption des Geistes. So auch der Mensch. Bircher-Benner bezeichnet die Schöpfung als eine grandiose Symphonie des Lebens. Im Menschen kommt das Geistige am stärksten zum Ausdruck. Er betont, dass unser Wesen eine Unites triplex, eine Dreieinigkeit aus Leib, Seele und Geist ist. Die Seele aber ist der Abkömmling aus der Vereinigung von Geist und Materie im Urphänomen des Lebendigen. Schon damals warnte er die Wissenschaft, diese Dreieinigkeit des Menschen in ihrem Gleichgewicht zu stören. Solange die Wissenschaft im Interesse des Menschen seiner Gesundheit und dem Wohlergehen, daher der Vernunft untergeordnet ist, ist sie gangbar und fruchtbringend. Wenn sie aber in die Pläne seiner „Dreieinigkeit" eindringt, zerstört sie die Sinnlichkeit dieses Lebens, entzieht sie sich der Vernunft. Die Vernunft ist ein Produkt des Geistes, der Geist liegt jedoch in der „Dreieinigkeit" von Leib und Seele eingebettet. Zum Schluss kommt der Autor zu der eindeutigen Aussage, dass die menschliche Schöpfungskraft der Vernunft sich unterordnen muss, wenn sie der Menschheit dienen will.

In der heutigen Zeit, auf Grund des hohen Standes von Wissenschaft und Technik, erhöht sich auch die Verantwortung für die Nutzung wissenschaftlicher Ergebnisse nicht nur an die Wissenschaftler selbst, sondern an die gesamte Gesellschaft. Nicht nur mit der Entwicklung von Massenvernichtungswaffen ist die heutige Gesellschaft auf das äußerste gefährdet. Sie muss dank ihrer Vernunft alle ihre geistigen Potentiale auf ihre Anwendung ständig prüfen, um die Menschheit vor einer Katastrophe zu bewahren. Die menschliche Schöpferkraft, sein geistiges Potential, wird stets um neue Erkenntnisse auf allen Gebieten ringen. Wir haben Gesetzmäßigkeiten in der Entwicklung und Daseinsweise der Natur und auch des Menschen erkannt, sie für objektiv erklärt und gemacht. Wo es aber Gesetze gibt, da gibt es auch einen Gesetzgeber, und dieser Gesetzgeber des Ureigensten unseres Lebens und der Welt wird für uns immer ein Geheimnis bleiben. Dem Menschen ist ein reiches Maß an Vollendetem gegeben, er ist zum Beherrscher dieser Erde ausersehen und sollte mit Hilfe der ihm allein zustehenden Vernunft alles tun, um dieses Leben sowie die Vielfalt und Schönheit der Natur zu schützen. Der Mensch ist kein Produkt dieser reinen materiellen Welt und erst recht nicht seiner ökonomischen Verhältnisse. Die Wissenschaftler werden immer wieder geblendet, so dass sie die Herkunft des Seins im Materiellen suchen und dabei des Geistes Dasein sowie ihre unlösbare Verbundenheit vergessen oder gar verneinen.

Die Darstellung der Entwicklung des Menschen und seine Herkunft allein im Materiellen, im Mechanischen, im Chemisch-Physikalischen zu suchen, ist ebenso Aberglaube wie die bisherige idealistische Darstellung des von Gott geschaffenen fertigen Menschen. Die Vereinigung von Geist und Materie als das Urphänomen für die Entwicklung alles Lebenden und der besonderen Entwicklung des Menschen als denkendes und schöpferisches Wesen Gottes ist die wahre Philosophie über die Welt und die Stellung des Menschen in diesem Entwicklungsprozess. Die ideellen Ansichten über die Welt und seinen Schöpfer schließen niemals den Standpunkt über die materielle Entwicklung aller chemischen, physikalischen und biologischen Prozesse auf dieser Erde aus. Wer dieses leugnet, stellt sich außerhalb der menschlichen Vernunft. Es wird niemals Aufgabe sein, noch sind uns Menschen die Möglichkeiten rein verstandesgemäß dafür gegeben, den wissenschaftlichen Nachweis über die Schöpfung der Erde und des Weltalls zu führen. In dieser grundsätzlichen Frage nach dem Schöpfer wird letztlich auch unter Einbeziehung aller unserer Kenntnisse und dem ständigen Willen, dank unseres Intellekts, nach der Wahrheitsfindung der Glaube das entscheidende Wort sprechen. Die Frage der Weltanschauung wird immer eine Frage des Glaubens sowohl für den Gottesfürchtigen wie Atheisten sein.

Seit jeher hämmern auf den zivilisierten Menschen viele philosophische Strömungen und religiöse Richtungen ein, um ihm den Weg in das Paradies ob jenseits oder diesseits des irdischen Lebens zu weisen. Ein vulgär materialistisches Paradies (à la Marx) wird es niemals auf dieser Erde geben, und das von den Kirchen angekündigte jenseits liegende Paradies ist für Menschen niemals zu erklären noch nachzuweisen. Die Menschheit steht nach wie vor im Kampf mit der Unvernunft des Menschen. Für alle Leiden auf dieser Welt ist in erster Linie der Mensch selbst verantwortlich. Die Menschheit sollte endlich Rousseaus wahre

47

Worte zu Herzen nehmen, der sagt: „Mensch, sieh nicht weiter nach dem Urheber des Übels; dieser Urheber bist du selbst. Es gibt kein anderes Übel als das, das du tust oder erleidest, und beide rühren von dir her." [4] S. 295

Auch der Materialist Feuerbach versuchte in seinem Werk über das Wesen des Christentums, das rein idealistische Menschenbild, welches hauptsächlich die Religion darstellen wollte, auf eine realere und daher wahrhafte menschliche und natürliche Daseinsform zu bringen. Als Materialist konnte er jedoch die wahre Berufung des Menschen nicht erkennen. Der große Philosoph und Humanist Herder hat zu Recht erkannt, dass der Mensch zur Vernunftsfähigkeit, Freiheit, Humanität und Religion gebildet ist und dass die erste und letzte Philosophie immer Religion war und bleiben wird. Solange die denkende Menschheit existiert, nimmt in ihrem Denken das Problem ihrer eigenen Herkunft einen relevanten Platz ein. Jede Weltanschauung und jede Geschichtsauffassung bezieht Stellung zur Entstehung des Menschen, schafft sich in der Lehre darüber einen Teil ihrer eigenen Begründung. Weil aber gerade diese Fragestellung die entscheidende für die Entwicklung und Darstellung der jeweiligen Philosophierichtung ist, wurde sie jedoch in den meisten Fällen zu einseitig, aber auch mit protzigen Schlussfolgerungen und Dogmen gefällt. Die Offenbarungsreligionen setzten ihre Auffassungen über die Entwicklung des Menschen in unwiderrufliche Glaubensrituale, die zu unumstößlichen und unveränderlichen Bekenntnissen für den Gläubigen gemacht wurden. Die einseitig orientierten materialistischen Ideologien des Marxismus, die die Herauslösung des Menschen aus dem Tierreich als seinen eigenen Prozess der Arbeit durch Selbstschöpfung ansieht, verabsolutiert die Arbeit, ohne eine Begründung dafür zu geben, warum der Affenmensch (Homo erectus) gerade aus der Tierwelt sich zu einem vernunftsbegabten und daher auf Arbeit sich besinnenden Lebewesen ausrichtete. Die angenommene Behauptung, dass mit der Entwicklung des Vormenschen zur aufrechten Haltung die Voraussetzungen zur Entwicklung des menschlichen Gehirns gegeben waren, ist durch nichts zu belegen. Auch die lang vertretene Meinung, dass der

Mensch sich aus der Affenrasse entwickelt hat, wurde überwunden und es hat sich eine andere Auffassung klar herausgestellt. In der Hominisationsphase bildeten sich die zwei eigenständigen Entwicklungslinien heraus, die zur Pongidae und Homo sapiens führten

Auch die neuesten wissenschaftlichen Erkenntnisse, in denen das Erbgut des Menschen mit dem Erbgut des Schimpansen verglichen wurde, kommen zu der Aussage, dass sich Menschen und Menschenaffen weniger ähnlich sind, als lange bisher angenommen wurde. Weiter wird dabei festgestellt, dass die Differenzen zwischen Mensch und Schimpanse nicht nur auf eine unterschiedliche Aktivität der Gene zurückgehen. Die Zeit des Affenmenschen (Homo habilis) war die eigentliche Übergangszeit vom Tier zum denkenden Menschen. Kennzeichnend für die lange Zeit des Homo erectus war die Ausbildung menschlicher Statur, Entwicklung des Gehirns, waren die Anfänge der artikulierenden Sprache. Im langen Zeitraum der Evolution des Gehirns, des Denkens und der Sprache in Wechselbeziehung mit dem Arbeits- und Lebensprozess vor etwa 30 000 Jahren war der „fertige Mensch" entstanden. In diesem „fertigen Menschen", der sich völlig aus dem Tierreich erhob und sogar zum Herrscher über dieses Tierreich wurde, sind jedoch nach wie vor viele „tierische Instinkte" und Triebe vorhanden, die im ständigen Kampf mit der Entwicklung seines Intellekts und der Vernunft stehen. Gerade in unserer Zeit wird durch die Massenmedien oftmals versucht, die Triebe und Instinkte gegen die Vernunft zu manipulieren und den Menschen dadurch zu entmündigen. Triebe sind jedoch nichts Niedriges noch Primitives im Menschen. Sie verkörpern eine besondere Art von Lebenskraft, die doch im Allgemeinen als etwas Primitiv-Körperliches bezeichnet werden. Daher wird von Leonhard [20] sehr treffend dazu gesagt, dass die induktiven Gefühlsregungen in hervorragender Weise daran beteiligt sind, was man Charakter oder menschliche Wesensart nennt. Die Entwicklung des Intellekts und der Vernunft des Menschen führt jedoch nicht zu einem Verschwinden der Instinkte und Gefühle des Menschen, es erweist sich jedoch als die entscheidende Voraussetzung für die Zurückdrängung der egoistischen Veranlagung im Menschen, welches für so viel Unheil und Elend auf dieser Welt verantwortlich ist. Die größten Bösartigkeiten der Menschheit werden aus Selbstsucht, Eitelkeit, Egoismus und Machtbesessenheit begangen.

Die Entwicklung der Zivilisation, des Humanismus, der Ethik und Moral der Menschheit war und ist das Werk im Ringen der menschlichen Vernunft mit diesen egoistischen Veranlagungen einzelner Personen und Gruppen. Egoistische Veranlagungen trachten immer nach der Macht über andere Menschen und werden skrupellos zur Unterdrückung der Wahrheit und Vernunft eingesetzt. Für uns Menschen kommt es in erster Linie darauf an, unsere Stellung in diesem Leben voll zu erkennen, die uns gegebene Vernunft zur allseitigen Maxime unseres gesellschaftlichen Handelns zu machen und die Würde des Menschen durch eindeutige gesellschaftliche Regelungen unantastbar zu machen. In der Freiheit des Einzelnen und seines Glaubens über die Welt liegt auch die Freiheit der Gesellschaft. Gesellschaftliche Notwendigkeit und Pflichten müssen immer so gestaltet sein, dass sie die Würde, Unabhängigkeit und Freiheit des Einzelnen einschließen und erhalten. Die große Suche nach dem wahren Leben muss mit der Suche nach dem wahren Menschen beginnen. Es ist wider die menschliche Vernunft, wenn die Kirche des Offenbarungsglaubens dem Menschen diese Erde zu einem Jammertal und Bewährungsfeld für das künftige Leben im Jenseits erklärt. Es ist aber genauso verwerflich, wenn die marxistische Philosophie den Menschen als ein Werkzeug in angeblich sich gesetzmäßig, objektiv entwickelnde ökonomische Gesellschaftsformationen hineinpresst und jede Transzendenz ausschließt. In einem solchen Prozess wird der Mensch zu einer Ameise, zu einem Spielball gesellschaftlicher Prozesse deklariert und damit wird seine Persönlichkeit, seine wahre Menschlichkeit preisgegeben.

Im langen Entwicklungsprozess der Menschheitsgeschichte steht die jetzige Zivilisation dank seiner Schöpferkraft am Scheideweg für ein wahres Leben oder seiner Selbstvernichtung. Die Möglichkeit für beide Wege liegt in unserer eigenen Entscheidung, und ich bin fest davon überzeugt, dass die göttliche Vernunft des Menschen den richtigen Weg finden wird. Gott hat uns auf diesem Weg den Glauben an ihn und damit auch an den Menschen gegeben. Ohne Menschlichkeit gibt es keine Gesellschaft auf dieser Erde und ohne Göttlichkeit und Glaube daran keine wahre Menschlichkeit. Die Kirche versucht mit dem Offenbarungsglauben, gegen jegliche Vernunft, den Menschen zu manipulieren und ihn an die jeweilige Konfession zu ketten. Aber der göttliche Glaube fordert die Vernunft des Menschen heraus, er soll den Menschen frei machen von einem Zwang, der ihm von außen auferlegt wird. Gott könnte sich dieser Menschheit vielleicht offenbaren, aber damit wäre die Welt dann ein Reich des Herrschers über seine Untertanen. Des Menschen Schöpferkraft würde zum Stillstand kommen, des Menschen Antlitz erblassen. In diesem Falle hat Feuerbach völlig recht, wenn er meint: „Der Offenbarungsglaube verdirbt aber nicht nur den moralischen Sinn und Geschmack, die Ästhetik der Tugend; er vergiftet, ja tötet auch den göttlichen Sinn im Menschen – den Wahrheitssinn, das Wahrheitsgefühl." [21]

Die Menschheitsfindung zu sich selbst ist auch die Findung zu Gott. Kein Mensch dieser Erde hat das Recht, Richter über die Weltanschauung des anderen Menschen zu sein. Der zukünftige Staat muss seine Hauptaufgabe darin sehen, Triebfeder aller guten Handlungen zu sein, die dem Wohle jedes Einzelnen und damit aller dienen. In Erfüllung dieser Aufgabe wird er letztlich auch die wahre göttliche Vernunft zum Siege verhelfen. Der Glaube des Einzelnen aber über diese Welt und seinen Schöpfer wird und soll ein freudiger, aus der Vernunft hervorgegangener innerer Wille des Menschen bleiben. Für diesen humanistischen Weg müssen sich auch alle Religionen, unabhängig von ihrer Glaubens- und Weltansicht entscheiden.

4   Die Rolle und Funktion der Vernunft

Als eine der ältesten Themen philosophischer Betrachtungen muss die Frage nach der Vernunft angesehen werden. Die klassische Philosophie sah die Vernunft als ein das Leben leitendes und die Welt regierendes Prinzip an. Ein über alles stehendes Prinzip, das nur über die Weisheit und durch die Weisen vordergründig erfasst werden kann. Diese hohe Zielstellung in der Erfassung des Seins wurde der theoretischen Vernunft zugedacht. Die praktische Vernunft bekam eine untergeordnete Bedeutung, da sie sich vordergründig auf das Leben Leitende in der Welt orientieren sollte. Mit der Bezeichnung der Vernunft als „logos" wurde sie ausschließlich als eine Fähigkeit zur exakt rationalen, begrifflich klar ausgeprägten Erkenntnis deklariert und alle anderen sinnlichen und emotionalen Eigenschaften ausgeschlossen. Aus der Überbetonung der theoretischen Vernunft wurde sehr bald das Vermögen des begrifflichen Denkens zum Verstand und die Vernunft als die höhere Geistigkeit des Menschen angesehen. Aus dieser abwertenden Vernunftsbestimmung, die vernünftiges Denken als rein begriffliches Denken bestimmte, entwickelte sich eine ganze Tradition bis in die Neuzeit der vernunftsorientierten Philosophie.

Der ehrbare Begriff der Vernunft wurde zu einem missbräuchlichen Begriff aller philosophischen Betrachtungen. Der Vernunftsbegriff wurde in den vielfältigsten Bezeichnungen von instrumentaler, spekulativer, wissenschaftlicher u. a. Vernunft gehandhabt, ganz nach dem jeweiligen Anliegen für seinen Gebrauch. Vernunft im eigentlichen Sinne als logos oder ratio war immer wesentlich auf das Subjekt bezogen, auf sein Denkvermögen. Horkheimer meint dazu: „Indem Vernunft subjektiviert wird, wird sie auch formalisiert. Sokrates kämpfte gegen die subjektive, formalistische Vernunft. Er hält dafür, dass die Vernunft, als universelle Einsicht verstanden, die Überzeugungen bestimmen und die Beziehungen zwischen Mensch und Mensch und zwischen Mensch und Natur regeln sollten." [22]

Weiterhin meint Horkheimer sehr treffend zur Rolle der instrumentalen Vernunft, dass nach der Philosophie des durchschnittlich modernen Intellektuellen es nur eine Autorität gibt, nämlich der Wissenschaft, begriffen als Klassifikation von Tatsachen und Berechnung von Wahrscheinlichkeiten.

Wie menschenverachtend eine solche rein subjektive, auf reine Wissenschaftlichkeit ausgerichtete Vernunftsauffassung sich auswirken kann, zeigen die Auffassungen von Platon, aber auch von Aristoteles in ihrer Stellung vom Freien und Sklaven. Sie brachten zum Ausdruck, dass die Tugend der Sklaven wie von Frauen und Kindern im reinen Gehorsam besteht. Somit leiteten sie die Sklaverei aus der Vernunft ab. Diese Überbetonung der Wissenschaftlichkeit des Logos in der Vernunft und seine Loslösung vom Gewissen, was Sokrates ständig kritisierte, vollzog sich mehr oder weniger bis zum heutigen Tage. Der Rationalismus, Positivismus, Materialismus und viele andere philosophische Richtungen der Neuzeit haben dank ihrer Formulierung der Vernunft keine wahre Aussage darüber getroffen. Gerechtigkeit, Glück und Toleranz in der menschlichen Gesellschaft haben ihre geistigen Wurzeln verloren. Zur gegenwärtigen Situation vermerkt Horkheimer: „Wenn Herrschende eine reale Erfolgschance sehen, wären sie einfach närrisch, sie nicht wahrzunehmen. Die einzige Erwägung, die sie abhalten könnte, wäre die Möglichkeit, dass ihre eigenen Interessen gefährdet würden, und nicht die Sorge, eine Wahrheit oder die Vernunft zu verletzen." [22]

Diese ganzen Auswüchse philosophischer Verirrungen basieren doch letztlich auf der irrigen Ansicht Platons, dass der Weg, die Menschheit zu retten, darin besteht, sie den Regeln und Methoden der wissenschaftlichen Vernunft zu unterwerfen. Ausgehend von dieser irrigen Unterstellung, wird menschliche Intelligenz der Vernunft gleichgesetzt. Aber schon in der Definition laut Duden ist der Mensch einer mit der Fähigkeit zum logischen Denken und zur Sprache, aber auch zur sittlichen Entscheidung und Erkenntnis von Gut und Böse ausgestattetes höchstentwickeltes Lebewesen. Er besitzt also die Möglichkeit, Wissen zu erlangen und dieses Wissen angewandt auf die irdischen Verhältnisse zum

Guten oder zum Bösen zu benutzen. Zwischen Wissen und Handeln liegt das Feld der freien Entscheidung, die Sphäre des Gewissens. Ein geistesgestörter Mensch liegt nicht in diesem Entscheidungsfeld, weil ihm schon die Phase der Wissenserkenntnis nicht gegeben ist. Es gibt keinen dummen, geistesgestörten Menschen, der eine Bestie werden kann (höchstens, wenn er von einem Intelligenten dazu missbraucht und verführt wird), aber es gibt Intelligenzbestien höchsten Grades, die gerade dank ihrer Intelligenz die gemeinsten Dinge begehen können. Für Menschen, die zu ihrem Wissen das Gewissen in die Entscheidung einbeziehen und damit Vernunft walten lassen, sind solche Handlungsweisen nicht denkbar, denn es gibt keine Vernunftsbestien.

Das Gerede von theoretischer und praktischer Vernunft sind Hirngespinste, denn reines Intelligenzwissen, das losgelöst ist von seiner Anwendung in der Praxis, unterliegt noch nicht den Kriterien der Vernunft. Auch reine praktische Vernunft kann es nicht geben, denn für jede vernunftsbegabte Handlung sind sinnliche und geistige Erkenntnisse Voraussetzung. Kant, der Alleszermalmer, der den Glauben näher an die Vernunft heranführen wollte, tat keinen guten Dienst daran, indem er die Vernunft des Menschen in eine reine und eine praktische Vernunft unterteilte. Für ihn waren Verstand und Vernunft zwei getrennte Kategorien. Die Urteilskraft sollte als ein Mittelglied in der Ordnung unseres Erkenntnisvermögens zwischen dem Verstand und der Vernunft fungieren. Wörtlich meint er dazu: „Allein in der Familie der oberen Erkenntnisvermögen gibt es doch noch ein Mittelglied zwischen dem Verstande und der Vernunft. Dieses ist die Urteilskraft ..." [23] S. 30 – Vernunft aber beinhaltet Verstand und Gewissen und zeichnet den Menschen unter allen Lebewesen aus. Eine Vernunft ohne Verstand gibt es nicht, so wie es keine reine oder praktische Vernunft geben kann. Da er aber in seinen Ansichten das Gewissen nicht als eine Stimme Gottes, sondern als ein Bewusstsein, das für sich selbst Pflicht ist, ansieht, zerstört er den wahren Sinn der Vernunft, und seine praktische Vernunft hat nur eine Aufgabe, den Glauben auf irgendeine Art wissenschaftlich nachzuweisen. Er definiert das Gewissen als eine selbstrichtende moralische Urteilskraft.

Nach Rousseau sind aber Gewissensregelungen keine Urteile schlechthin, sondern Gefühle und lassen sich nicht aus Prinzipien irgendeiner hohen Philosophie, sondern aus dem Grunde des Herzens ableiten. Das Gewissen gibt den Menschen die Vollkommenheit und seinen Handlungen die Sittlichkeit. Wie weit das Gewissen als die Stimme Gottes einen gläubigen Menschen zur Aufrichtigkeit und Wahrhaftigkeit führt, zeigt der Fall Jägerstätter. Als einfacher oberösterreichischer Familienvater und von seiner inneren Überzeugung durchdrungen, verurteilt er den verbrecherischen Krieg Hitlers und verweigert den Kriegsdienst, wofür er von den Nazis hingerichtet wird. Oft wird eine solche Haltung der Menschen von den so genannten Realpolitikern als Dummheit angesehen, sie verkennen jedoch dabei die wahren menschlichen Regungen, die, frei von jedem Fanatismus, im Herzen dieser Persönlichkeiten brennen. Noch schlimmer trifft es die so genannte spekulative Vernunft, denn sie besitzt weder ein gesichertes Wissen noch Gewissen. Die Frage der Vernunft kann aber auch nicht losgelöst von der Intelligenz und Dummheit der Menschen gesehen werden. In seinem Buch über die Dummheit [24] hat Geyer die Dummheit als eine Weltmacht und allgemein menschliches Phänomen bezeichnet. Dummheit ist keine Idiotie oder Blödsinn. Dummheit ist im Wesentlichen Denkschwäche des Menschen. Geyer meint, dass die Macht der Dummheit zu allen Zeiten und auch heute erheblich größer war und ist, als man das für gewöhnlich annimmt oder wahrhaben will. Er widerspricht der Auffassung, dass anno dazumal die Leute dümmer gewesen seien als heute, das bezeugen die großen wissenschaftlichen und kulturellen Höchstleistungen des Altertums. Dummheit wird in erster Linie durch die jeweils Herrschenden für ihre niedrigen Zwecke benutzt. Was ich besonders aus diesem Buch hervorheben möchte, ist die Aussage, dass nicht nur die Dummheit allein, sondern auch dummes Verhalten, also der Handlungsprozess, auch eines intelligenten Menschen, kann in seiner Handlungsweise Dummheiten begehen, die im krassen Widerspruch zu seiner geistigen Fähigkeit stehen. Es ist doch eine Tatsache, dass man lieber unter weniger gebildeten, aber mit Gewissen behafteten

Menschen leben würde als unter den rein von der Intelligenz besessenen einseitigen Menschen. Über die Erziehung zum selbstständigen Denken sagt Einstein: „Es ist nicht genug, den Menschen ein Spezialfach zu lehren. Dadurch wird er zwar zu einer benutzbaren Maschine, aber nicht zu einer vollwertigen Persönlichkeit. Es kommt darauf an, dass er ein lebendiges Gefühl dafür bekommt, was zu erstreben wert ist. Er muss einen lebendigen Sinn dafür bekommen, was schön und was moralisch gut ist. Sonst gleicht er mit seiner spezialisierten Fachkenntnis mehr einem wohlabgerichteten Hund als einem harmonisch entwickelten Geschöpf." [14] S. 23

Als großer Denker der Aufklärung hat Rousseau in seinem Werk „Emil" besonders die Rolle der Vernunft des Menschen in den Vordergrund gehoben. Für ihn war Pädagogik ein Teil seiner Philosophie und er sagt selbst, dass in den vielen Schriften, die das öffentliche Wohl im Auge haben, das Notwendigste vergessen wird, nämlich die Kunst der Menschenbildung, die Erziehung des Menschen nicht nur zur Intelligenz, sondern auch zur Tugend und Moral, die erst die Vernunft des Menschen bildet. Er meint mit vollem Recht, dass Gott uns alles für die höchste Glückseligkeit gegeben hat, wir müssen sie nur gebrauchen. Wissen und Gewissen und die Freiheit, um es zu wollen. Wir haben nicht von ihm zu erbitten, denn das Gute steht auf der Seite der Vernunft und nicht nur des Geistes allein. Die Trennung von Geist und Körper aus der Sicht des Menschen als Persönlichkeit ist genau so dumm wie die Trennung von Wissen und Gewissen des Menschen.

Veranschaulichen wir uns noch einmal diese Einheit im Denk-, Erkenntnis- und Handlungsprozess des Menschen:

a)   *Ausgangsbasis*
Die physische Basis bilden das Gehirn und die Sinnesorgane, die auf das engste miteinander verbunden sind. Die nächste Ausgangsbasis ist der immaterielle Geist, die so genannte Software, die nach wie vor als eine göttliche Gabe angesehen werden muss.

Auch Davies kommt in seinem Werk, im Abschnitt über Geist und Seele, nicht umhin zu erklären, dass wir die Annahme aufgeben müssen, der Geist sei nichts als eine Tätigkeit der Gehirnzellen. Es erhebt sich für ihn aber die Frage, auf welche Weise ein körperloser Geist existieren kann. Diese göttliche Gabe des Geistes, die die Ausgangsbasis unseres Denk- und Erkenntnisprozesses bildet, wird für uns endliche Wesen immer ein Geheimnis bleiben. Bisherige Forschungen auf dem Gebiet des Gehirns brachten keine Erkenntnis über das Wesen des Geistes und seiner Daseinsweise.

Die Fragestellung von Davies, ob der Geist auf die Materie einwirkt und damit den Grundprinzipien der Physik trotzt und es wirklich zwei Ursachen der Bewegung in der materiellen Welt gibt, wobei die eine auf gewöhnlich physikalische Prozesse und die andere auf geistige Prozesse zurückgeht, ist berechtigt und sehr wahrscheinlich, sie bleibt jedoch eine Glaubensfrage, da sie einer gesicherten Wissenserkenntnis durch den Menschen nicht zugänglich ist. Die Behauptung der Materialisten, dass der Geist ein Produkt des Gehirns ist, ist bis zum heutigen Tage in keiner Weise nachgewiesen. An diesem Punkt erfolgte auch der größte Streit zwischen den beiden philosophischen Strömungen, dem Idealismus und dem Materialismus.

Wie immer liegt auch hier die Wahrheit nicht in den Extremen, sondern in der Mitte, im Realismus. Der Realismus vertritt den Wirklichkeitsstandpunkt, dass das begrifflich Allgemeine auch außerhalb des menschlichen Denkens existiert und wirklich ist.

Künstliche Intelligenz wird daher immer bleiben, was sie ist, eine vom menschlichen Geist geführte materielle Intelligenz. Zu einer vernünftigen eigenständigen Leistung wird sie nie kommen, da ihr zwei wichtige Ausgangsgrößen wie Geist und Gewissen fehlen, diese göttlichen Attribute sind nur dem menschlichen Gehirn und seinem Denkprozess vorbehalten.

b)   Sinnliche und geistige Erfassung

Damit der eigentliche Denkprozess stattfinden kann, erfolgt in dieser Phase die Wahrnehmung der Erkenntnisobjekte, ihre Einordnung und Gliederung. Die Qualität der Wahrnehmung ist von entscheidender Bedeutung für den eigentlichen Denkprozess.

c)   Denk- und Erkenntnisprozess

Mit Hilfe des Verstandes werden die eigentlichen Begriffe gebildet und Schlüsse gezogen sowie unter Anwendung der Logik die Folgerichtigkeit des Denkprozesses geordnet. Der Denk- und Erkenntnisprozess bildet den Grad der Intelligenz, hier werden Schlüsse und Urteile vom hohen bis geringen Wissen gezogen, die je nach ihrem Erkenntnisgrad als Klugheit oder Dummheit bezeichnet werden. Dazu sagt Geyer: „Dummheit und Klugheit sind Grenzbegriffe des übergeordneten Zustandes, der als Intelligenz bezeichnet wird." [24] S. 29 – Dummheit definiert er als die mangelhafte Fähigkeit, aus Wahrnehmungen richtige Schlüsse zu ziehen. Dieser Mangel beruht teils auf Unkenntnis von Tatsachen, die zur Bildung eines Urteils erforderlich sind, teils auf mangelhafte Schulung des Geistes oder auch auf einer gewissen Trägheit und Schwerfälligkeit des Auffassungsvermögens. Jedenfalls meint er weiter, dass die Dummheit ein Fehler ist, der noch innerhalb der Grenzen der normalen Seelentätigkeit liegt und deshalb von der krankhaften Geistesschwäche oder dem ausgesprochenen Mangel an richtiger Gedankenverknüpfung unterschieden werden muss, wie er der Idiotie oder dem Blödsinn zukommt.

An einer hohen Intelligenz sind nicht nur ausschließlich Verstandesanlagen beteiligt, sondern auch im erheblichen Maße seine Gefühls- und Willenseigenschaften. Man muss jedoch im gleichen Zusammenhang auch betonen, dass eine fehlende Intelligenzleistung durch fleißiges Lernen nicht ersetzt werden kann.

Wie wir sehen, entsteht in diesem Prozess nicht nur ein Wissen, das durch die Praxis gesichert ist, sondern auch ein nicht durch die Praxis gesichertes Wissen, welches in der klassischen Philosophie als Meinen bezeichnet wurde. Für den Bereich der Erkenntnis im transzendenten Bereich wurde es Glaube und damit Religion. Die nach Kant vorgenommene Untergliederung der Begriffe Wissen, Meinen und Glauben unter dem Oberbegriff des Fürwahrhaltens ist nicht ganz folgerichtig. Das gesicherte Wissen ist kein Fürwahrhalten, da es durch die Praxis bestätigt und keines weiteren Beweises bedarf.

Richtig ist jedoch die Untergliederung von Meinen und Glauben unter diesem Oberbegriff, da die Denkresultate dieser beiden Begriffe kein gesichertes Wissen aufweisen, die aber eine Gewissheit aufweisen und aus einem Denkprozess hervorgegangen sind. Alle drei Resultate des Denkprozesses, Wissen, Meinen und Glauben, haben die Vernunft zur Grundlage, durch das geistige Vermögen des Menschen Einsichten zu gewinnen und sich ein Urteil für sein Handeln zu bilden.

In seinem Werk „Kritik der wissenschaftlichen Vernunft" [25] kommt Hübner zu der richtigen Feststellung, dass der empirisch-rationale Wissenschaftsoptimismus auf einer Illusion beruht. Wissenschaft gibt zwar ständig ein verbessertes und erweitertes Bild, sie nähert sich jedoch nie irgendeiner absoluten, theoriefreien Wahrheit. Für Hübner ist die mythische Sichtweise eine Alternative zur Wissenschaft, auch wenn man sie heute für geschichtlich erledigt hält. Wörtlich sagt er in diesem Zusammenhang: „Nichts wäre falscher, als dem Mythos, wie es oft geschieht, Irrationalität zu unterstellen, dem die Wissenschaft als etwas Rationales entgegentritt. Auch Mythos hat seine Rationalität, die im Rahmen seines eigenen Erfahrungs- und Vernunftsbegriffs wirkt. Mythische und wissenschaftliche Erfahrung, mystische und wissenschaftliche Vernunft sind in gewissem Sinne inkommensurabel." [25]

In der Einleitung zum Buch „Wandel des Vernunftsbegriffs" definiert Poser den Begriff Vernunft folgendermaßen: „Vernunft gilt als das, was den Menschen als reflektierenden und seiner selbst bewusstes Wesen von allen anderen unterscheidet: Sie soll über bloße Faktensicherung hinausgehende Erkenntnis eines universellen Zusammenhangs sichern, Schlüsse ermöglichen und die Begreifbarkeit der Welt- sei es als Weltvernunft, sei es als Vernunft in der Geschichte – erklären; schließlich soll

sie zweckmäßiges wie sittliches Handeln ermöglichen und begründen."
[26] S. 7 – In dieser Definition wird das zweckmäßige wie sittliche Handeln in die Gesamtdefinition der Vernunft einbezogen.

Man scheut sich jedoch auch hier den Begriff des Gewissens zu erwähnen, weil das Gewissen, als die Stimme Gottes, in den meisten wissenschaftlichen Abhandlungen nicht zur Kenntnis genommen wird. Bisher hat die Wissenschaft generell und insbesondere die Psychologie dieses Phänomen sehr stiefmütterlich behandelt. Sehr kritisch nimmt zu diesem Problem Stoker in seinem Buch „Das Gewissen" Stellung, indem er sagt: „Weil Psychologie zu sehr unter dem Banne und Einfluß der mathematischen Naturwissenschaft stand, – eine positivistisch gerichtete Wissenschaft muss von selbst dem tiefen Wesen und Sinn dieser Art Phänomen den Rücken kehren. [27] Weiterhin sagt er: „Mit dem Gewissensbegriff ist viel gespielt worden. Der Volksmund, der Dichter, der Prediger, der Theologe, der Psychologe, der Philosoph haben alle an dem Spiel teilgenommen – und dieser Begriff läßt so durchaus leicht mit sich spielen." In seinem Werk setzt sich Stoker besonders mit der so genannten Wissenschaftlichkeit über das Wesen des Gewissens vieler Philosophen auseinander. Mit Recht betont er, dass das Gewissen nicht der so genannte „gesunde Menschenverstand" ist, eine Hauptbedingung für die Möglichkeit eines jeglichen Gewissensabschlusses. Man muss eindeutig feststellen, dass das Ringen des Menschen um die wahre Vernunft und daher um Weisheit im freien Spiel des Denkens, des Dranges nach Wissen und des Gewissensdranges liegt. Der Gewissensdrang ist wie der Kompass und zeigt immer nach einer Richtung, nämlich der wertvolleren, der werthöheren. Über die Rolle der Freiheit des Menschen in diesem Spiel ist sehr viel geschrieben worden, er besitzt tatsächlich diesen Kompass, welchen Kurs er jedoch wählt, hängt im entscheidenden Maße davon ab, wie stark seine selbstgewollte eigene Bosheit und Schlechtigkeit seinen Willen und Handlungsdrang bestimmt.

Stoker hat sehr viele richtige Erkenntnisse über das Wesen und die Funktion des Gewissens im Rahmen der Vernunft des Menschen getroffen. Jedoch neigte auch er einseitig, von seinem religiösen Bekenntnis heraus, zu einer Erklärung, die darin gipfelt, dass nur ausschließlich im Offenbarungsglauben der Zugang zum Gewissen möglich ist. Er betont, dass das Gewissen nur als eine Macht des persönlichen Gottes gedeutet werden kann. Wörtlich sagt er: „Ein Deismus, ein System, in dem keine solidarische Vernunftheit zwischen Gott und Mensch besteht, sondern eine unüberbrückbare Kluft, ein Pantheismus (wo Gott keine Person) und ein Atheismus (wo es keinen Gott gibt) können dem Gewissen immanente Hindeutungen nicht sinnvoll und einheitlich verstehen lassen." Für Stoker besteht eine echte Gewissensfurcht nur in der tiefsten Furcht, in einer Furcht vor Gott. Furcht ist aber immer ein schlechter Ratgeber und kaum mit dem Gewissen und damit der Vernunft zu vereinbaren. Rousseau ist hierin ganz anderer Meinung. Für ihn ist das Gewissen ein göttlicher Instinkt, ein untrüglicher Richter über Gut und Böse, der jeden vernunftsbegabten Menschen gottähnlich macht. Ohne Befolgung des Gewissens und daher mit einer grundsatzlosen Vernunft verliert sich der Mensch von Irrtum zu Irrtum. Der Ruf Gottes durch das Gewissen erreicht jeden vernunftsbegabten Menschen, auch den religiös Ungläubigen, er fordert ihn zur Menschlichkeit und Humanität als einen der obersten Gebote des Göttlichen.

Die letzten Merkmale der Vernunft stehen unter dem Aspekt, dass Vernunft ein geistiges Vermögen des Menschen ist, um Einsichten zu gewinnen, Zusammenhänge zu erkennen, sich ein Urteil zu bilden und im Einklang mit dieser Erkenntnis unter Einbeziehung des Gewissens die Wahl seiner Entscheidung für sein Handeln zu treffen und danach sich zu richten.

d) *Wahl der Entscheidung zum Handeln*

Dieser Abschnitt im gesamten Denk- und Erkenntnisprozess bildet die eigentliche Vernunftsbestimmung für den Einsatz des erworbenen Wissens, mit Hilfe des Gewissens in der Praxis. Denn Theorie ohne ihre Anwendbarkeit für die Praxis sowohl in der Natur als auch Gesellschaft ist gegenstandslos. Die dem Menschen gegebene Freiheit fordert von jedem im Rahmen des Erkenntnisprozesses eine Handlungsentscheidung heraus, die vernünftig oder unvernünftig ist. Eine gewissenlose Entscheidung ist immer unvernünftig und ohne jedes Empfinden für Gut und Böse seines Tuns. Dennoch ist ein vernunftsloses Handeln immer ein bewusstes Handeln, ein Zweckhandeln zur Erreichung egoistischer und daher antihumaner Ziele. Die Stimme des Gewissens fordert jeden heraus und zwingt ihn zu einer Entscheidung. Wissen, Meinen und Glauben müssen immer im Einklang mit dem Gewissen stehen, sonst sind sie schädlich sowohl für die Natur als auch die Gesellschaft und sind ohne Vernunft. Daher bilden Wissen und Gewissen immer die Vernunft und stehen in engem Zusammenhang mit der Intelligenz des Menschen. Freiheit ohne Vernunft ist schädlich. Wahre Intelligenz kann immer nur im Zusammenhang mit der Vernunft gesehen werden.

Zusammengefasst muss festgestellt werden, dass der reine logische Denk- und Erkenntnisprozess des Menschen sehr wohl die eigentliche Wissensbildung über die Natur als auch Gesellschaft hervorbringt und eine wahre Intelligenzleistung des Menschen bildet. Es kann aber nicht als eine Vernunftsleistung gewertet werden, da ihr Ergebnis wertfrei ist und erst im Handlungsprozess mit Hilfe des Gewissens die wahre Vernünftigkeit erlangt. Auch die beste wissenschaftliche Leistung kann zu einem unvernünftigen Ergebnis im gesellschaftlichen Sinne in ihrer praktischen Anwendung führen und damit in keinem Bezug zur Vernunft stehen. So wie Theorie und Praxis zueinander in Bezug stehen, so ist auch die Vernunft nicht vom Wissen und Gewissen zu trennen. Jede Erkenntnis des Menschen kann sowohl dem Guten wie dem Bösen dienen und bedarf daher in ihrer Anwendung immer der Vernunft.

5   Die Vereinbarkeit von Wissen und Glauben
   in der Vernunft

Die Frage nach dem Verhältnis von Wissen und Glauben stellt sich bei
der Behandlung von philosophischen Betrachtungen immer wieder in
den Vordergrund. Dabei stellte sich dieses Verhalten in den Anfängen
der klassischen griechischen Philosophie überhaupt nicht so. In der klassischen Philosophie bei Platon und Aristoteles wusste man nur um den
Unterschied von Wissen und Meinen. Wissen ist eine Kenntnis, die zu-
verlässige Aussagen über eine Sache wiedergibt und somit gesichertes
Wissen darstellt. Das nichtgesicherte Wissen führt im Denkprozess zu
einer bestimmten Ansicht und Meinung, die in der Wirklichkeit noch
nicht ihre Bestätigung fand, aber dennoch einen schöpferischen und logischen Denkakt darstellt. Eine Hypothese und daher unbewiesenes
Ansehen kann durchaus einen wahren Sachverhalt aufweisen und hat
sich oft in der späteren Folge der Erkenntnis in der Realität bestätigt.
Deshalb bewegte sich die klassische Philosophie nicht innerhalb des
Entweder-Oder von Wissen und Meinen, sondern wusste sehr gut diesen Unterschied innerhalb des Erkenntnisprozesses zu werten und ihnen
einen berechtigten Platz einzuräumen.

Die griechische Philosophie begann damit, dass sich der Logos, der
die Natur aller Dinge zu weisen verlangte, sich vom herrschenden Mythos befreite. Für die griechische Philosophie stand fest, dass die höchsten Ursachen des Seins in einer an sich existierenden Natur sein müssen,
daher müssen auch die ersten Ursachen des Seienden, insofern es seiend
ist, erfasst werden. Die Frage des Glaubens wurde hier nicht gestellt,
sondern es gab nur einen Aufstieg vom vermeintlichen zum wahren
Wissen. Die Frage des Verhältnisses von Wissen und Glauben setzte erst
dann ein, als das philosophische Wissen von sich aus ein Verhältnis zum
Glauben fand. Sehr treffend bemerkt Lowith dazu, dass diese Voraussetzung der gesamten griechischen Philosophie fehlte. Sie trifft erst für die
Philosophie nach dem Christentum zu. Wörtlich sagt er: „Die klassische
Philosophie wußte nur um den Unterschied von Wissen und Meinen, die

nachchristliche Philosophie weiß außerdem um den Unterschied von Wissen und Glauben." [15]

Der Glaube erhielt in der nachchristlichen Philosophie eine hohe Bedeutung im Hinblick seiner Auseinandersetzung insbesondere mit dem religiösen Glauben aller wichtigen Offenbarungsreligionen der Welt. Besonders die Offenbarungsreligionen verabsolutierten ihren Glauben an einen persönlichen Gott und gerieten immer mehr in einen Widerspruch zu den Erkenntnissen der Naturwissenschaftler.

Die so genannte Erste Philosophie von Aristoteles, die später auch Metaphysik genannt wurde, ging von der Erforschung der sinnlich erfassbaren Welt aus und drang schrittweise zur Entwicklung der Lehre von der übersinnlichen Substanz des ersten Bewegers Gott vor. Er suchte die Prinzipien und die höchste Ursache dieser existierenden Natur und hoffte sie auch zu erfassen. Er hoffte, diese Wahrheit in der erfahrbaren kosmischen Ordnung der Dinge mit Hilfe des menschlichen Logos zu finden.

Er war der Begründer der Idee des Realismus, für ihn war die allererste Ursache im höchsten Maße wirklich. Der erste Beweger war für ihn ein göttlicher Geist, der das Denken denkt. Er bezeichnete seine metaphysische Philosophie letztendlich auch als Theologie, als theologia naturalis oder philosophische Theologie. Im Gegenzug bildete sich dazu die Offenbarungstheologie heraus, die heute im Allgemeinen als Theologie schlechthin verstanden wird. In dieser Auseinandersetzung zwischen der Philosophie und der Offenbarungstheologie zum Verhältnis von Wissen und Glauben rückte die Rolle der Vernunft immer mehr in den Vordergrund. Die ewigen Ideen, die den Menschen als Ziele gelten sollen, zu vernehmen, in sich aufzunehmen, hieß seit langer Zeit Vernunft. Das Thema über die Rolle und Funktion der Vernunft ist eines der ältesten Themen philosophischer Debatten.

Zu den Fragen des Zusammenhangs von Gott und Vernunft hat sich sehr ausführlich Weissmahr in seinem Werk „Gottesfrage und Vernunft" [28] geäußert. Er geht zu Recht davon aus, dass die Frage nach Gott sowohl eine religiöse als philosophische Frage ist. Dass die Gottesfrage für die Religionen immer im Mittelpunkt ihres Wirkens steht, ist außer Zweifel und unabhängig von ihren jeweiligen Glaubensformen, die sich unterteilen hauptsächlich in Naturreligionen, Religionen des ewigen Weltgesetzes und Religionen der geschichtlichen Gottesoffenbarung. Grundsätzlich gilt, dass Religion eine gläubig verehrende Anerkennung einer alles Sein bestimmenden göttlichen Macht ist. Für jeden vernunftsbegabten Menschen stellt sich die Frage nach den letzten Gründen der Wirklichkeit, nicht nur aus Neugierde, sondern es geht ihm um die Deutung seines eigenen Lebens, es geht um die Frage nach dem Sinn des Lebens.

Eine Philosophie, die immer die Frage nach dem letzten Grund der Wirklichkeit stellen muss, gelangt von sich aus zur Gottesfrage. Die Hervorhebung der Ersten Philosophie durch Aristoteles als die Wissenschaft der Prinzipien und Ursachen des Seienden und daher als die bestimmende Wissenschaft gegenüber den Einzelwissenschaften, führte zu einer Überforderung der Metaphysik von ihrem Grundanliegen her. Alle nachfolgenden philosophischen Betrachtungen, besonders im Bereich des Idealismus, waren von der Metaphysik bestimmt. Zu den grundsätzlichen weltanschaulichen Fragen wollte und konnte die Metaphysik die Grenzen der Wissenschaft nicht anerkennen und den gerade auf den Erkenntnissen der Einzelwissenschaften, insbesondere den Naturwissenschaften, basierenden philosophischen Vernunftsglauben akzeptieren. Echter Glaube erfordert aber gerade Wissen und damit Vernunft, Glaube ohne Vernunft ist sinnlos. Oft werden Gläubige von den so genannten Fachspezialisten und insbesondere den Materialisten meistens als unwissende Menschen hingestellt. Aber vernunftsgläubige Menschen sind mit hohem Wissen ausgestattete Menschen, sie gehen nur in der Weltansicht über das erfahrbare Wissen hinaus und greifen in die Sphäre der Transzendenz ein, um über das gesicherte Wissen hinaus nachvollziehbare und glaubenswürdige Gesamtzusammenhänge über die Welt und ihren Sinn zu erhalten. Immer mehr geriet die Metaphysik in reine pseudowissenschaftliche Spekulation und die gesamte Philosophie in ein Abseits. Mit dem enormen Fortschreiten der Naturwissenschaften geriet die metaphysische Philosophie als auch die Theologie in arge Bedrängnis. Als Hobbes nur die sinnliche Erfahrung gelten ließ und die Nichtexistenz des Immateriellen behauptete, negierte er die Wissensmöglichkeit von Nichtkörperlichen, Geistigen. Er wurde damit zum Mitbegründer des so genannten wissenschaftlichen Materialismus. Damit wurde der Glaube völlig negiert. Auf dem Fuße des Materialismus folgte der Nihilismus; der „Nichts"-Standpunkt. Nietzsche entsprach auf vornehme Weise dem, was der zeitgenössische Materialismus, Anarchismus und Darwinismus „von unten" besorgten; die Desillusionierung der bürgerlichen Ideale als aufgeklärtes falsches Bewusstsein.

Aber das Gesetz der Vernünftigkeit besagt, dass nichts entsteht oder besteht ohne einen zureichenden Grund. Daher gelangt die Philosophie von sich aus zur Gottesfrage, denn es gehört zu ihrer ureigensten Aufgabe, die Frage nach dem letzten Grund der Wirklichkeit zu stellen, wie es Weissmahr sehr treffend betonte. Aber diese Frage nach dem letzten Grund mit einem wissenschaftlichen Beweis zu beantworten ist absurd, es übersteigt unsere menschliche Vernunft. Doch es besteht überhaupt kein Grund, die Existenz des Absoluten zu bezweifeln, auch wenn wir die Schwierigkeit haben, seine Existenzweise zu deuten. Wir müssen nach den Erkenntnissen der wissenschaftlichen Vernunft wahrnehmen und glauben, wie es Weissmahr richtig sieht. Wörtlich sagt er dazu: „Das unbedingte Seiende ist weder ein Teil der Welt, noch ist es identisch mit dem Gesamt der zur Welt gehörenden Seienden, sondern es ist etwas unserer Weltwirklichkeit gegenüber vollkommen anderes, vollkommen Transzendentes, unbeschadet seiner vollkommenen Immanenz in ihr." Und weiter sagt er: „Dieses schlechthin unbedingte, im Verhältnis zur Welt transzendiert-immanente Seiende nennen wir Gott. Es ist der transzendente und immanente Urgrund der Welt, es ist ewig und in jeder Hinsicht vollkommen. Die Personenhaftigkeit Gottes kommt in dem vorgelegten Gedankengang nicht vor." [28]

Nach dieser Aussage über Gott wird uns immer mehr gewahr, warum alle großen Denker der Wissenschaft tief religiöse Menschen waren. Einstein äußerte sich über die Religiosität der Forschung, dass die Religiosität wissenschaftlicher Menschen im versuchten Staunen über die Harmonie der Naturgesetzlichkeit, in der sich eine überlegene Vernunft offenbart, dass alles sinnvolle menschliche Denken und Anordnen dagegen ein gänzlich nichtiger Abglanz ist. [14] Sein Gottesbegriff entsprang auch daher vom tiefen Gefühl verbundener Überzeugung von einer überlegenen Vernunft, die sich in der erfahrbaren Welt offenbart. Seine Religion bezeichnete er als die kosmische Religion, die keinem menschenartigen Gottesbegriff entspricht. In diesem Zusammenhang geht er noch viel weiter, indem er sagt: „Die religiösen Genies aller Zeiten waren durch die kosmische Religiosität ausgezeichnet, die keine Dogmen und keinen Gott kennt, der nach dem Bild des Menschen gedacht wäre." [14] S. 16 – Keiner leistete bisher einen größeren Beitrag zum Verständnis von Wissen und Glauben in der Vernunft, wie es Einstein tat. Sein grundsätzlicher Standpunkt war, dass die kosmische Religiosität die stärkste und edelste Triebfeder wissenschaftlicher Forschung ist. Da die Kirchen, kraft ihrer weltlichen Macht, von jeher die Wissenschaft bekämpft und ihre Anhänger verfolgt haben, musste sich zwangsweise diese Kluft zwischen Wissen und Glauben auftürmen. Nicht die Wissenschaft hat sich vom Glauben gelöst, sondern der kirchliche Glauben mit seiner dogmatischen, teils von fanatischen Zügen getragene Weltansicht führte zu dieser Kluft, bis in die heutige Zeit. Im Gefolge dieser Kluft zwischen der Wissenschaft und der Kirche verlor auch die spekulative philosophische Metaphysik jegliche Realität und eröffnete damit dem Materialismus ein breites Betätigungsfeld, der alles unternahm, um mit den Naturwissenschaften zu kokettieren, um so seine angebliche unumstößliche Weltansicht als die einzige wahre darzustellen.

In allen durch die philosophische Metaphysik, aber auch Theologie, unternommenen Gottesbeweisen sollte angeblich von der Wissenschaft her der Glaube an einen Gott gefördert werden, diese Hoffnung erfüllte sich jedoch nicht. Wäre es wahr, dass Gott uns wissenschaftliche Beweise für sein unmittelbares Wirken in dieser Welt gibt, so wäre der Mensch kein selbstständiges und freies Wesen mehr. Weissmahr sagt dazu: „Dann hätte Sartre recht, der behauptet, es sei unsere moralische Pflicht,

Gott im Namen der menschlichen Freiheit zu leugnen. Ein solcher Gott wäre ein Tyrann, er wäre für alles Schlechte und Böse in der Welt verantwortlich." [28] Aus all dem Gesagten zur Metaphysik muss festgestellt werden, dass die Philosophie die mythische Deutung der Welt nicht beseitigen konnte. Die aristotelische Metaphysik entwickelte einen Gottesbegriff, der auf einem Vollkommenheitsideal beruht, das eine völlige Isolierung des göttlichen Wesens von der Welt fordert. Eine solche Aussage ist jedoch rein wissenschaftlich nicht nachzuweisen und führt zwangsläufig zu reinen Spekulationen.

Diesen irrigen Kreislauf durchbrach erst im Zuge der Aufklärung Rousseau, indem er die metaphysische Philosophie verurteilte, sie stolz, rechthaberisch und dogmatisch fand. Wörtlich sagte er: „Sie wussten alles, bewiesen nichts und machten sich einer über den anderen lustig." [4] S. 277 – Sein Hauptwerk „Emil" war nicht in erster Linie ein pädagogisches Buch, wie es doch so oft von vielen Philosophen auf ein solches Niveau herabgesetzt wurde. Die Herrschenden der damaligen Zeit erkannten sehr schnell die philosophische Wirkung dieses Werkes. Das Herausstellen der Pädagogik in diesem Werk war für ihn nur eine Maske. Dieses Buch handelt nicht vom Kinde, sondern von ganzen Menschen und der Gesellschaft. Es ist die Auseinandersetzung jedes Einzelnen mit der Welt, wie Stefan Zweig es in einer Stellungnahme zum Werk Rousseaus bezeichnete. Kaum 1762 erschienen, erlässt die Regierung einen Haftbefehl gegen den Autor, dem sich Rousseau mit knapper Not durch Flucht in die Schweiz entzieht.

Im Glaubensbekenntnis des savoyischen Vikars begründet er die natürliche Religion, die heute auch in vielen Abwandlungen als Religionsphilosophie und philosophischer Glaube verstanden werden kann. Er setzte allen so genannten Gottesbeweisen der Philosophie und Theologie seine Glaubensartikel entgegen. Rousseau war Realist und sein philosophisches Denken war vom finalen Denken beherrscht, der sich jedoch nicht in metaphysischen Spekulationen verlor. Er war ein konsequenter Gegner des Materialismus und fand für die Streitigkeiten der Idealisten und der Materialisten keinen Sinn. Er hielt ihre Unterscheidungen von

Erscheinung und Realität der Körper für Hirngespinste. Besonders empört war er über die abstrakten Ideen der Metaphysiker.

Für Rousseau stand nichts höher beim Menschen als seine Vernunft und sein Gewissen und damit die göttliche Vernunft. Aus dieser Vernunft entspringen auch seine Glaubensbekenntnisse, sie sind nicht losgelöst von den Naturerkenntnissen seiner Zeit, sie basieren darauf und bilden seine Glaubensgewissheit. Sprach Rousseau nicht schon damals allen wissenschaftlichen Genies aus dem Herzen, indem er sagte: „Vergleichen wir die einzelnen Zwecke, die Mittel und die geordneten Verhältnisse aller Art, und horchen wir dann auf das innere Gefühl. Welcher vernünftige Mensch kann sich seiner Zeugnis verschließen? Welchem unbefangenen Auge kündet nicht die spürbare Ordnung des Weltalls eine höchste Intelligenz aus? [4] S. 286 – Einstein sprach die gleiche Auffassung dazu aus, nur nannte er sie nicht höchste Intelligenz, sondern überlegene Vernunft. Kant wurde zum großen Verehrer der Lehren von Rousseau und betonte, dass er mit seinen Werken über die Vernunft den Glauben näher an das Wissen heranführen wollte. Für Kant steht Gott im Mittelpunkt des Nachsinnens und keineswegs ging sein Trachten dahin, den Gottesglauben zu zerstören, sondern ihn zu sichern und zu läutern. Kant wurde von vielen in seinem Grundanliegen verkannt, sie hielten ihn für den „Alleszermalmer", besonders hinsichtlich seiner Erkenntnisse über die Grenzen der Metaphysik. Kant sagte selbst, dass er das Wissen aufheben musste, um für den Glauben Platz zu bekommen. Jedoch ist der von Kant entwickelte transzendentale Realismus, der die Dinge, die von der Naturwissenschaft erkannt werden, nicht als „Dinge an sich", sondern als reinen Wahrnehmungsstoff ansieht, dem wahren Realismus konträr entgegen. Der gesunde Menschenverstand besagt, dass unsere Vorstellungen sich nach den Gegenständen richten und nicht die Gegenstände nach unseren Vorstellungen. Auch in seinem Werk der praktischen Vernunft wurden Grundsätze des ethischen Glaubens entwickelt, die bis zum heutigen Tage große Beachtung finden. Jedoch ist seine Aussage über das „Kategorischen Imperativ" sehr kritisch zu bewerten, denn der Glaube an Werte, an die sittlichen Werte, ist der innerste, geistige Kern allen Gottesglauben, der mit keinem Befehlsakt in Verbindung steht, da er die Freiheit des Menschen untergraben würde. Daher hat sich die Aussage über das „Kategorische Imperativ" auch in der bisherigen Praxis nicht bewahrheitet und steht im direkten Widerspruch zu den Aussagen von Rousseau.

Mit der Frage von Glauben und Wissen hat sich August Messer in seinem gleichnamigen Werk besonders tiefgründig befasst. Er setzte sich sehr kritisch mit der Lehre Kants vom Wissen und Glauben auseinander. Er kommt zu der Aussage, dass der Weg, den Kant eingeschlagen hat, um den Glauben zu begründen, nicht gangbar sei. Wörtlich sagt er: „Er (Kant) schränkt die wissenschaftliche Erkenntnis auf den Bereich der anschaulichen ‚Erscheinungen' ein und erklärt die ‚Dinge an sich' als unerkennbar." [29] S. 143 – Er sagt weiter dazu: „So ist schon die Arbeit der Naturwissenschaft selbst und das Ergebnis dieser Arbeit Beweis genug, dass das Denken nicht in den Umkreis der Erscheinungen gebannt bleibt, dass es zwar von den Erscheinungen ausgeht und auf sie immer wieder zur Prüfung und Bestätigung seiner Entscheidungen zurückblickt, dass es aber in seinem sieghaften Vordringen die Anschauung und damit die bloße ‚Erscheinung' der Dinge hinter sich läßt und die Dinge ‚an sich' erfaßt." Er sagt weiter zu diesem Problem: „... dass Kants ‚Kopernikanische Revolution' diesen unseren Wahrheitsbegriff in sein Gegenteil verkehrt und damit unseren Begriff von Erkenntnis aufhebt. Denn was bedeutet es anders, wenn unsere Vorstellungen (d. h. unsere Gedanken) nach Kant sich nicht nach den Gegenständen richten sollen, sondern umgekehrt die Dinge nach unseren Vorstellungen, und dass wir der Natur ihre Gesetze nicht ablernen, sondern vorschreiben?" [29] S. 146 – Messer als kritischer Realist und Anerkenner der induktiven Metaphysik kommt auch zu dem Schluss, dass diese Metaphysik nur zu Vermutungen, bestenfalls zu Wahrscheinlichkeiten führen kann. Keiner hat bisher nach Rousseau als Realist eine sichere Aussage zu den Fragen von Wissen und Glauben getroffen als Messer.

Zum Schluss sagt er: „So hat sich mir schließlich das große Problem, Wissen und Glauben, geklärt. Ich bin zur Einsicht gelangt, das Wissen und damit der Bereich des Verstandes kann und soll sich erstrecken über den ganzen Umkreis der Wirklichkeit und damit zugleich über alles das, was uns als Mittel dienen kann bei der Erreichung unserer Ziele und Zwecke. Welche Zwecke wir uns aber setzen wollen, welche Ziele unser würdig sind und es verdienen, von uns erstrebt zu werden, das kann uns letzten Endes der Verstand und damit Wissen und Wissenschaft nicht sagen, das muss uns unser Wertgefühl, unser ‚Herz', unsere ‚Seele' erschließen. Was sich uns hier an übersinnlichen ‚geistigen' Werten enthüllt, an dessen objektive Gültigkeit müssen wir ‚glauben', da an diese Geltung verstandsmäßige Beweisführung nicht heranreicht. Wenn aber diese Werte zugleich unseren Willen ergreifen und uns zur Tat drängen, so müssen wir auch an unsere Freiheit glauben, denn echtes Wollen kann gar nicht bestehen, ohne die feste Zuversicht, das zu können, was es erstrebt. Also, Wissen vom Wirklichen und Glaube an Werte und unsere Freiheit – das ist meine Antwort auf die Frage nach dem Verhältnis von Wissen und Glauben." [29] S. 172/173

Das sind meiner Auffassung nach die wahren Erkenntnisse aller von Wissenschaft geprägten und mit einem tiefen Wertgefühl erfassten Menschen. Menschen der Wissenschaft tun sich besonders schwer, Instinkten, Gefühlen und Intuitionen Geltung zu verschaffen. Schon Rousseau wies auf diesen Umstand hin und erklärte, dass er seine Grundsätze nicht allein aus den Prinzipien einer hohen Philosophie, dabei meinte er in erster Linie die Metaphysik, sondern er fand sie im Grunde seines Herzens, „wo sie die Natur mit unauslöschbaren Zügen eingräbt". Der beste Anwalt dafür ist das Gewissen. Auch Messer hat eine ähnliche Auffassung, indem er sagt: „Wer an solche Werte nicht mehr glaubt, die nur in selbstlos-sachlicher Hingabe verwirklicht werden können, der verdient in Wahrheit den Namen des ‚Seelenlosen' und des ‚Gottlosen'." [29] S. 170 – Diese von Messer nach eigener Vernunftseinsicht und eigenem Gewissen getroffenen Überzeugungen kann man mit vollem Recht als religiöse Überzeugungen bezeichnen. Die Realität der Welt und ihre Erfassung durch die menschliche Vernunft ist nicht mehr vom Glauben an die Werte und damit an Gott zu trennen. Der kritische Realismus will mit Hilfe der induktiven Metaphysik nach Wenzl die Philosophie als Weg von den Grenzen der Wissenschaft an die Grenzen der Religion führen. [16] Für mich ist der Weg von Rousseau eindeutiger, es ist nicht der kritische, sondern der religiöse Realismus. Der klare Weg der Philosophie führt vom Wissen über das Gewissen zur Vernunft und zum Vernunftsglauben. Die Trennung von Wissen und Glauben in der Weltansicht kann nicht vollzogen werden, da es sonst gegen die menschliche Vernunft gerichtet ist.

Der gesamten theistischen Philosophie liegt eine religiöse oder metaphysische Überzeugung von der Existenz eines göttlichen Wesens zugrunde. Die metaphysische theistische Philosophie leugnet in allen ihren Erscheinungsformen den Glauben als eine Kategorie der Vernunft, da sie den „logos" ausschließlich als eine Fähigkeit zur exakt rationalen, begrifflich klar ausgeprägten Erkenntnis deklariert und alle anderen sinnlichen und emotionalen Eigenschaften ausschließt. Die theistischen Metaphysiker aller Richtungen von Aristoteles bis Descartes und darüber hinaus unternehmen den Versuch, die Existenz Gottes ohne den Glauben, nach ihrer Meinung rein vernünftig, aus dem Selbstbewusstsein zu erweisen. In diesem Zusammenhang hat Baader vollkommen recht, wie es Lowith betonte, dass der Widerstreit von Wissen und Glauben im Grunde nur ein Streit zwischen einem und einem anderen Glauben ist. Eine Vernunft, die jedoch den Glauben in der Weltansicht ausschließt, begibt sich in reine Spekulationen und negiert aus reiner Überheblichkeit die religiös verehrende Anerkennung einer alles Sein bestimmenden göttlichen Macht durch vernunftsbegabte Menschen.

Wer den Glauben und damit die Religion aus der Vernunft des Menschen ausschließt, begibt sich letztendlich, aus reiner egoistischer und voreingenommener Wissenschaftlichkeit, in das Fahrwasser des Atheismus und leistet deren Spekulationen ungewollt Vorschub. Der wahre philosophische Glaube an Gott gründet sich auf ein höheres Denken, das nicht auf Beweis, sondern auf unmittelbarer Evidenz beruht. Der vernunftsbegabte Glaube findet seinen wahren Niederschlag in der natürli-

chen Religion und in seiner philosophischen Deutung durch den religiösen Realismus.

6 Gottesfrage und Vernunft

Schon in der Frühgeschichte führten Göttererscheinungen, mythische Figuren zu einer gewissen Angewiesenheit des Menschen auf ein Gegenüber. Nur durch seine Vernunft weiß der Mensch, dass er sterben wird. Diese Erkenntnis des Menschen, die den Tieren fehlt, bildet die Grundlage für die Todeserfahrung und die Sorge um das eigene Leben. Gleichzeitig verweist dieses Empfinden auf eine höhere Macht. Im Leben der Endlichkeit wird im Rahmen der Transzendenz der Weg für die Ewigkeit gesucht. Ohne Sinn für das Unendliche, für das Göttliche, ist endliches Leben sinnlos. Im Grund genommen sind alle Menschen mystische Wesen und daher religiös.

Erst sehr spät, unter Führung der Griechen, vermenschlicht sich das Götterbild. Das Numinose ist nicht losgelöst von der Vernunft des Menschen zu sehen und bildet die entscheidende Grundlage seines Glaubens. Als grundsätzliche Frage zur Bestimmung der Religion steht die Gottesfrage. Die Deutung Gottes steht im engen Zusammenhang mit der Entwicklung der Vernunft des Menschen. Stand am Anfang der menschlichen Entwicklung die Gottesverehrung bei den Naturreligionen im Mittelpunkt, so entwickelte sich erst später und besonders sehr deutlich mit dem Erscheinen der griechischen antiken Philosophie eine metaphysische Deutung Gottes. Platon sah die göttliche Wirklichkeit als die die Welt ordnende Vernunft, als Einheit der Ideen an. In der Ersten Philosophie von Aristoteles, die er auch Metaphysik oder auch Theologie nannte, wurden die Prinzipien und Ursachen des Seienden, insofern es ein Seiendes ist, untersucht. Das abgetrennte, aber auch Seiende war für ihn das Göttliche, der unbewegte Beweger. Nach seiner Auffassung hat die Theologie mit der Ursache der Ganzheit des Seins zu tun und ist der Abschluss der allgemeinen Seinslehre. Sein Gott war ein abgetrenntes und unbewegtes Wesen, was er zu beweisen versuchte. Wörtlich sagt er dazu: „Und sofern es in den Dingen eine derartige Natur gibt, da dürfte es wohl auch das Göttliche geben, und sie dürfte denn wohl das erste und eigentliche Prinzip sein." [13] S. 284 – Weiter sagt er: „Und auch

Leben kommt ihm zu; denn die Verwirklichung der Vernunft ist Leben, jene aber ist die Verwirklichung. Seine Verwirklichung aber an sich ist bestes und ewiges Leben. Wir sagen also, dass der Gott ein lebendes, ewiges und bestes Wesen sei. Denn Gott kommt demnach ununterbrochenes, fortdauerndes und ewiges Leben zu; denn das ist eben der Gott." [13] S. 314

Aristoteles schließt aus der in der Welt erscheinenden Ordnung auf ein letztes geistiges Prinzip, auf einen ersten unbewegten Beweger. Mit der Frage nach dem letzten Grund der Wirklichkeit gelangte somit die Philosophie von sich aus zur Gottesfrage und behandelte sie im Gewande der Metaphysik bis zum heutigen Tage. Aber schon in der Vorzeit der antiken Philosophie bildeten sich philosophische Strömungen heraus, wozu insbesondere die heiligen Schriften des Hinduismus, Buddhismus, Konfuzianismus und Taoismus zählen, die im weiten Maße einen ausgeprägten philosophischen Charakter, im Gegenzug zu Bibel und Koran trugen. Die Lehren des Ostens tragen mehr oder weniger in allen Glaubens- und Kulturformen bedingte Ausdrucksweisen der transzendenten Wahrheit. Wenn man die Frage der Vernunft im Zusammenhang mit der Gottesfrage stellt, so eröffnet sich die Frage unweigerlich vom bestehenden Zusammenhang von Wissen und Glauben. Wie bereits im vorhergehenden Artikel von mir Stellung dazu genommen wurde, ist Glaube nicht Wissen, aber Glaube und Wissen gehören zur Vernunft. Dazu wird von Weissmahr sehr treffend bemerkt, dass Vernunft nicht nur die Fähigkeit zur exakt rationalen, begrifflich klar ausgeprägten Erkenntnis ist, sondern auch Möglichkeit der menschlichen Erkenntnistätigkeit, die nicht auf exaktes Denken beschränkt ist. Wobei ich annehme, dass sich hier das exakte Denken in der Erkenntnis auf das gesicherte Wissen bezieht. Für mich ist echter Vernunftsglaube gleichzeitig philosophischer Glaube, eine Erkenntnis, die im eindeutigen Bezug zur Vernunft steht, ein Produkt des Verstandes ist und mit großer Gewissheit auf das Unbedingte hinweist. Vernunftsglaube ist nicht nur Hoffnung, eine erwartende Wahrscheinlichkeit, sondern Glaube, der volle Zuversicht in sich trägt. Ein echter religiös gedeuteter philosophischer Glaube ist nicht nur vom Gefühl, sondern von der Vernunft geleitet. Man kann die Frage nach Gott nicht in eine religiöse und in eine philosophische Frage unterteilen. Der vernunftsbegabte Mensch hat zwei göttliche Eingebungen. Zum ersten eine innere, die ihn aufruft, sich seiner eigenen Bestimmung bewusst zu werden. Von dieser inneren Stimme, die Fichte als ewigen Willen und Weltschöpfer und damit Gott versteht, erkennt er die Kraft und das Organ zum Glauben des Menschen. In diesem Zusammenhang sagt er: „Ich verstehe dich jetzt, erhabener Geist. Ich habe das Organ gefunden, mit welchem ich diese Realität, und mit dieser zugleich wahrscheinlich alle andere Realität ergreife. Nicht das Wissen ist dieses Organ; kein Wissen kann sich selbst begründen und beweisen; jedes Wissen setzt ein höheres voraus, als seinen Grund, und dieses Aufsteigen hat kein Ende. Der Glaube ist es; dieses freiwillige Beruhen bei der sich uns natürlich darbietenden Ansicht, weil wir nur bei dieser Ansicht unsere Bestimmung erfüllen können; er ist es, der dem Wissen erst Beifall gibt, und das, was ohne ihn bloße Täuschung sein könnte, zur Gewissheit und Überzeugung erhebt. Er ist kein Wissen, sondern ein Entschluss des Willens, das Wissen gelten zu lassen." [18] S. 111/112 – Er sagte aber auch, dass die Befolgung dieser Stimme der menschlichen Freiheit unterliegt und sein eigener Entschluss ist. Schon Rousseau sah es ebenfalls, dass ein vernunftsbegabter Mensch dank seiner inneren Eingebung und aus der Erkenntnis der universalen Ordnung den wahren Glauben findet. Von gleicher innerer Kraft und einem Gefühl der Erhabenheit für die universale Ordnung sind auch alle großen Naturwissenschaftler getragen worden. Einstein sagt dazu: „Sie werden schwerlich einen tiefer schürfenden wissenschaftlichen Geist finden, dem nicht eine eigentümliche Religiosität eigen ist. Seine Religiosität liegt im verzückten Staunen über die Harmonie der Naturgesetzlichkeit, in der sich eine so überlegene Vernunft offenbart, dass alles Sinnvolle menschlichen Denkens und Anordnens dagegen ein gänzlich nichtiger Abglanz ist. Dies Gefühl ist das Leitmotiv seines Lebens und Strebens, insoweit dieses sich über die Knechtschaft selbstsicherer Wünsche erheben kann. Unzweifelhaft ist dies Gefühl nahe verwandt demjenigen, das die religiös schöpferischen Naturen aller Zeiten erfüllt hat. [14] S. 18

Aus allem, was wir erkennen können, kann man feststellen, dass die Gottesfrage zwar eine Vernunfts-, aber letztendlich immer eine Glaubensauffassung bleibt. Nach der jeweiligen Erkenntnis und Auffassung wird das Wesen und die Gestalt Gottes von der jeweiligen Glaubensrichtung bestimmt. Es kann doch heute niemand mehr behaupten, dass die Existenz Gottes auf dem Wege der rationalen Vernunft, wie es besonders Descartes mit seinem mystischen Rationalismus anstrebte, nachgewiesen werden kann. Die Frage nach dem letzten Grund, auf eine absolute Wirklichkeit hin ist und bleibt eine Glaubensfrage, sie ist jedoch von einer hohen Gewissheit auf Grund der vielen Wirklichkeitserscheinungen geprägt. Die Erfahrung des Unbedingten ist und bleibt eine transzendente Erfahrung. Dazu sagt Weissmahr: „Indem wir wissen, dass die vordergründige Dimension unserer Erkenntnis nicht als vollkommen objektiv gelten kann, wissen wir einschlußweise um eine gewisse Unbedingtheit unserer Erkenntnis. Das Absolute ist in der transzendenten Erfahrung nicht in der Weise eines sich durch sich selbst darstellenden klar umschriebenen Einzelobjekts gegeben, sondern sein ‚Gegenstand' ist das, was man als die subjektive und die objektive Unbedingtheit bezeichnen kann. Die Apriori-Einsichten sind a posteriori vermittelt." [28] Es gibt und kann keine ausdrückliche Erfahrung Gottes geben, da mit einer solchen Erfahrung, wie schon mehrmals erwähnt, die menschliche Freiheit, sein Schöpfertum in dieser für ihn endlichen Welt ausgelöscht wäre. Gott schuf keine Engel, sondern eben Menschen. Im Leben der Endlichkeit des Menschen wird im Rahmen der Transzendenz der Weg für die Ewigkeit gesucht. Ohne Sinn für das Unendliche, für das Göttliche ist endliches Leben im Grunde sinnlos. Gott ist nicht unser Herr, sonst würde er uns wie Schafe behandeln. Er ist unser Begleiter und erwartet von uns, dass wir durch die uns gegebene Vernunft den wahren Weg zu ihm allein finden.

Daher bleibt das Wesen Gottes und seine Existenz für den denkenden Menschen stets geheimnisvoll. Daher können auch die von den Theologen und Metaphysikern herausgearbeiteten Gottesbeweise nicht als Beweis und daher gesichertes Wissen für die Existenz Gottes angenommen werden. Es sind Hinweise, die den Gläubigen ihre Zuversicht zu Gott stärken können. Hätten wir jedoch solche deutlichen Beweise, dann gäbe es keine Religion und keinen Atheismus mehr. Der religiöse Glaube muss immer ein freier Glaube sein und eine innere Überzeugung bleiben. Jeglicher religiöse Streit, insbesondere über das Wesen und die Gestalt Gottes, führt nur zum Fanatismus der jeweiligen Glaubensrichtung. Die fanatischen Atheisten aller Schattierungen sind offene Gotteslästerer, aber auch alle Fanatiker in den Religionen, die die Sittlichkeit verletzen und den Humanismus in den Hintergrund stellen, verleugnen Gott und stellen sich mit den Atheisten auf eine Stufe. Zu dieser grundsätzlichen Gottesfrage sagt Weissmahr: „Die Sittlichkeit, der einzige nicht realisierbare Wert des Menschen, kann nur in Freiheit verwirklicht werden. Die Erkenntnis Gottes ist eine auch immer von der persönlichen Entscheidung abhängige und somit unerzwingbare Erkenntnis, da sie aus der Natur der Sache immer eine solche sein muss. Auf dem Gebiet des Gotteserkenntnis gibt es keine automatisch hervorrufende Gewißheit und das es trotz wiederholter Bemühungen der besten Denker nicht gelingen will, die Gründe für das Dasein Gottes so vorzulegen, die jedem denkenden Menschen dazu bringen können, die Existenz Gottes vorbehaltlos zu bejahen." [28] Die Gottesfrage stellt sich immer im Zusammenhang mit der Frage des Menschen nach dem Sinn des Lebens. Die Suche nach dem Sinn des Lebens ist immer die Suche nach dem unbedingten. Über das Dasein Gottes entbrannten die unterschiedlichsten Auffassungen nicht nur in der Philosophie, sondern auch in den Religionen der Erde. Besonders stark entbrannte der Religionsstreit zwischen den Offenbarungsreligionen, der die vielfältigsten Formen der Auseinandersetzung aufnahm. In diesem Streit missachtet man nach wie vor die grundsätzliche Erkenntnis, dass eine echte religiöse Ansicht des Gläubigen immer auf seiner inneren Überzeugung beruht und von der Vernunft getragen sein muss. Eine Einheitsreligion wird es nie geben so wie es immer Atheisten geben wird. Was muss sie aber einen?

Es ist die zweite Eingebung im Menschen, die ihm durch das Gewissen gegeben ist und unser sittliches Leben bestimmen soll. Nicht ohne Grund widmete sich Rousseau, nachdem er sehr deutlich seine Glaubensartikel über das Wesen Gottes dargelegt hatte, mit besonderer Aufmerksamkeit der Frage der Moralität und dem Gewissen zu. Wörtlich sagt er dazu: „Im Grund der Sache gibt es demnach ein angeborenes Prinzip der Gerechtigkeit und Tugend, nach dem wir, gegen unsere eigenen Grundsätze, unserer und die Handlungen anderer als gut oder böse beurteilen; und dieses Prinzip nenne ich Gewissen." [4] S. 303 – Das Gewissen tritt in der Gesamtphase der Vernunft nach der Erkenntnis in der Urteilsbildung für die Entscheidung zum Handeln und das Handeln selbst ein. Das Gewissen ist jedem Menschen gegeben, es liegt in der Freiheit des Menschen, es in seinen Handlungen für das Gute zu nutzen. Es ist, wie man das üblich sagt, die praktische Vernunft. Gerade Rousseau stellt die Freiheit des Menschen als eine besondere Gabe Gottes heraus, indem er sagt: „Ich bitte auch nicht um die Kraft, Gutes zu tun, denn warum etwas erbitten, was er mir schon gegeben hat? Hat er mir nicht das Gewissen gegeben, das Gute zu lieben, die Vernunft, um es zu erkennen, die Freiheit, um es zu wollen." [4] S. 310 – Immer wieder steht die Frage; wenn es Vernunft und Gewissen gibt, warum gibt es aber nach wie vor so viel Elend und Übel auf dieser Welt. Zur Frage des Übels in der von Gott geschaffenen Welt äußert sich Weissmahr ebenfalls sehr überzeugend: „Das Übel ist eines der Grundprinzipien der Welt, das von Ewigkeit her dem Prinzip des Guten entgegengesetzt ist. Die beiden Urprinzipien, die mit Materie und Geist (beide göttliche Wirklichkeiten), stehen in einem immerwährenden Kampf miteinander, der die Geschichte der Welt bestimmt ... aber das Übel ist nicht die letzte Grundbestimmung, die in der Welt gedacht werden soll. Das Übel ist ein Parasit des Guten und kann durch die freigesetzte Handlung des Menschen unterbunden werden. Das moralische Übel oder das Böse ist die Nicht-Übereinstimmung einer von einem zur Selbstbestimmung fähigen Subjekt frei gesetzten Handlung mit dem Sittengesetz, d. h. mit jener Norm des Handelns, die der Natur eines solchen Subjekts entspricht."[28] Letztendlich liegt der wahre Grund des Bösen in der Gottlosigkeit des Menschen in seiner Selbstvergöttlichung. Es geschehen in dieser Welt keine Wunder, denn wenn es so wäre, dann brauchte uns Gott keine Vernunft zu geben. Die Welt ist real und durch eine göttliche Gesetzlichkeit bestimmt. Der Mensch muss diese Realität anerkennen und in Ehrfurcht vor Gott das wahre Leben auf dieser Erde gestalten. Nur ein religiöser Mensch, ganz gleich, ob er in einer freien oder festen kirchlichen Bindung seiner Glaubensüberzeugung nachgeht, kann der Tugend und Sittlichkeit voll dienen. Hans Küng nimmt in seinem „Projekt Weltethos" besonders zu diesem Problem Stellung, indem er sehr eindringlich betont, dass die Religionen das entscheidende Fundament des Ethos sind. Der Mensch ohne Religion kann selbst, wenn er fachlich für sich unbedingt sittliche Normen annehmen sollte, die Unbedingtheit und Universalität ethischer Verpflichtung nicht begründen. Er sagt dazu: „An den endlichen Bedingtheiten des menschlichen Daseins, aus menschlichen Dringlichkeiten und Notwendigkeiten läßt sich nun einmal ein unbedingter Anspruch, ein ‚kategorisches' Sollen nicht ableiten." [30] S. 76

Die Maxime elementarer Menschlichkeit gelten in allen großen Weltreligionen und sind im Evangelium des Christentums, den Geboten der Tora, des Korans wie der auf Weisheit zielenden Lehre Buddhas, Konfuzius' u. a. verankert. Die Lehren der großen Leitfiguren der Weltreligionen sind von Vernunft durchdrungen und weisen auf Sittlichkeit und Humanität hin. In der Durchsetzung dieser Vernunftsregeln haben jedoch die führenden Träger der Weltreligionen bisher meistens versagt. Bisher haben fast alle Religionen im Negativen und Zerstörerischen unendlich viel geleistet. Dazu Küng: „So viel Streit, blutige Konflikte ja ‚Religionskriege' gehen auf ihre Konten; so viele ökonomisch-politisch-militärische Konflikte wurden von Religionen teils ausgelöst, teils eingefärbt, inspiriert und – dies gilt auch für die beiden Weltkriege – legitimiert." [30] S. 100 – Auch für Religionen gilt als einziges Kriterium für die Wahrheit die Praxis. Die praktische Vernunft kennzeichnet die Wahrhaftigkeit auch einer Religion. Auch hierzu hat Küng ein sehr wahres Wort gesprochen: „Was human, wahrhaft menschlich, menschenwürdig ist, kann sich mit Grund auf ‚Göttliches' berufen. Was jedoch inhuman, unmenschlich, tierisch, bestialisch ist, kann sich nicht mit Grund auf ‚Göttliches' berufen." [30] S. 120 – Gott hat eine evolutive Welt geschaffen, in der auch die Religionen sich in Wachstumskrisen befinden. Keine regressive oder repressive Religion – christlicher, islamischer, jüdischer oder welcher Provenienz auch immer – hat längerfristig gesehen eine Zukunft, wenn sie nicht zu den Grundsätzen ihres Glaubens zurückkehrt und zur Humanität und Weltverantwortung sich bekennt.

Im Zeitalter der Aufklärung, als nach der Antike und der Renaissance eine neue Morgendämmerung der westlichen Zivilisation und damit eine der erfolgreichsten Epochen der Philosophengeschichte anbrach, stand die Vernunft im Mittelpunkt des Denkens. Leider wurde besonders in der Zeit danach, im Zuge der Gegenaufklärung durch die führenden geistigen Köpfe, teils aus eigener Rechthaberei und Stolz insbesondere das große Werk von Rousseau verkannt oder mit Absicht geleugnet. Rousseau schuf das wahre Glaubensbekenntnis für einen vernunftsbegabten Menschen, die Grundsätze der natürlichen Religion, eines freien Glaubens für selbstbewusste Menschen. Sein Grundsatz lautete dabei: „Die höchsten Vorstellungen von der Gottheit gibt uns die Vernunft ein. Betrachte das Schauspiel der Natur, hör auf die innere Stimme. Hat Gott nicht alles vor unseren Augen, vor unserem Gewissen und unserem Urteil ausgebreitet? Was können uns die Menschen mehr sagen? Ihre Offenbarungen erniedrigen Gott nur, da sie ihm menschliche Leidenschaften beilegen, statt unsere Begriffe über das große Wesen aufzuklären. Ich sehe, wie die einzelnen Dogmen sie verwirren; statt sie zu erhöhen, ziehen sie sie herab; den unbegreiflichen Geheimnissen, die die Gottheit umgeben, fügen sie sinnlose Widersprüche hinzu und machen den Menschen stolz, unduldsam und grausam; statt den Frieden auf der Erde zu stiften, überziehen sie sie mit Feuer und mit Schwert." [4] S. 312 In seiner Auseinandersetzung, insbesondere mit den Offenbarungsreligionen, ließ er aber immer wieder die historische Daseinsberechtigung dieser Religionen gelten und hob ihre sittlichen Grundsätze hervor.

Es ist doch wirklich so, dass das wahrhaft Menschliche das universale Kriterium für jede Religion ist. Wahre Religion ist Vollendung wahrer Menschlichkeit, wie es so eindringlich Küng immer wieder betonte.

Keine Religion erhebt so stark ihren Anspruch auf Universalität wie es das Christentum tut. Sie kennzeichnet sich als „übernatürliche Religion" gegenüber allen anderen Natur- und Kulturreligionen, da sie nicht Menschenwerk ist, sondern auf einen unmittelbaren Eingriff Gottes in die geschichtliche Wirklichkeit eintrat. Mit dem von den Religionen aufgestellten Schöpfungsplan wurde Gott nur beleidigt und der schöpferische Geist des Menschen unterdrückt. Wie treffend sind die Worte Rousseaus dazu: „Von meiner Unzulänglichkeit durchdrungen, werde ich nie die Natur Gottes erfassen, wenn ich nicht durch das Gefühl seiner Beziehungen zu mir dazu gezwungen werde. Solche Untersuchungen sind immer verwegen. Ein weiser Mensch sollte sich nur mit Zagen darauf einlassen, in der Gewißheit, dass er nicht dazu geschaffen ist, sie zu ergründen. Denn es ist für die Gottheit weniger beleidigend, gar nicht an sie zu denken, als falsch über sie zu denken." [4] S. 289 – Den Gläubigen sprach er vollen Mut zu, sich sowohl vor den Metaphysikern als auch vor den anderen „Gelehrten" klar zu Gott zu bekennen. Der tiefe innere Glaube vieler Menschen auf dieser Erde, der von der Vernunft getragen ist und nicht, wie so oft behauptet, sich allein auf Unwissenheit und Tradition begründet, sollte von den Institutionen aller Kirchen nicht mehr länger missbraucht werden. Aber auch die Philosophie sollte sich ihrer Verantwortung in der Gesellschaft bewusst werden. Denn wahre Philosophie besteht in ihrer Einheit von Weltansicht, Ethik und praktischer Politik, die letztlich immer den Humanismus und die Wohlfahrt der Gesellschaft zum Ziel haben muss.

Wenn Gott uns die Möglichkeit gibt, immer mehr diese reale Welt zu erkennen, dann verlangt er auch von uns in erster Linie, Güte, Selbstbewusstsein zum Guten und edle Gesinnung sowie Demut zu üben. Gott hat die Welt nach seinen Gesetzen geschaffen und sie in die Realität gesetzt. Wer als gläubiger Mensch sie nicht beachtet, läuft genauso Gefahr im praktischen Leben wie ein Nichtgläubiger. Wissen und Glauben sind die erhaltenden Bedingungen für ein wahrhaft menschliches Leben auf dieser Erde. Gott tut sich nicht nur bei den Propheten und anderen Weisen, sondern in allen Bereichen der Naturwissenschaft, der Kunst, Musik und Literatur kund. Alles, was der Humanität dient, ist göttlich und wahr.

Der philosophische Glaube, gegründet auf dem Erkenntnisstand der Wissenschaften über die Welt und der Deutung einer höheren Vernunft, die als Gott bezeichnet werden kann, widerfährt uns sehr augenscheinlich in der von Rousseau gedeuteten natürlichen Religion. Wir müssen die Formen des logisch-ontologisch-metaphysisch-theologischen Denkens, das sich in einem langen geschichtlichen Prozess bereits zersetzt und den Menschen in einen Glaubenden und einen Wissenden gespalten hat, wie es sehr treffend Landgrebe [31] charakterisiert, überwinden. Das metaphysische Denken muss überwunden werden, es wird dem hohen Anspruch der Wahrheitsfindung, wie sie von der Philosophie gefordert wird, nicht gerecht. Der klare Weg der Philosophie führt vom erworbenen Wissen über das Gewissen zur Vernunft und in der Weltanschauung zum Vernunftsglauben. Menschen, die eine Trennung von Wissen und Glauben nie annahmen, die ihren Verstand und ihr Herz sprechen ließen, sind die wahren Propheten Gottes und Weise dieser Welt. Wahrer Glaube ist göttliche Vernunft. Solange dieser Glaube in der Weltöffentlichkeit, besonders gekennzeichnet durch seine ethischen Grundsätze, keine breite Basis findet und Demagogen das Sagen haben, liegt die Welt im Argen. Die Weltöffentlichkeit muss endlich aufhören, nur aus Katastrophen Schlussfolgerungen zu ziehen. Wahre Religionen sind kein Opium für das Volk. Das Opium ist die Irreführung, Manipulation und Blendung der Massen sowohl durch Kirchenführer als auch weltliche Herrscher und meistens im Bunde miteinander.

Die heutige gebildete und aufgeklärte Jugend erkennt immer mehr diese Zusammenhänge und stemmt sich dieser verhängnisvollen Entwicklung energisch entgegen. Der Teufel, das Böse erscheint in Menschengestalt nicht immer nur furchterregend, sondern meistens schlau und hinterlistig. Die Vernunft ist eine zarte Kulturpflanze, wenn sie nicht gepflegt wird, wird sie vom Unkraut überwuchert. So wie Wissen und Glauben nicht im Gegensatz zueinander stehen dürfen, so darf auch Philosophie und Religion sich nicht verteufeln, sondern auf der Suche nach dem Sinn des Lebens und seiner praktischen Seite im irdischen Leben die Menschlichkeit finden. Wahre Religion kann niemals ein durch Lehre und Satzung festgelegter Glaube, sondern ein freier aus innerer Überzeugung und Vernunft getragener Gottesglaube sein. Es muss für einen vernunftsbegabten Menschen nur schwer vollziehbar sein, einer Religion anzugehören, die den Weltuntergang verkündet und das Gericht Gottes am jüngsten Tag voraussagt. Dann werden die Armen und Gütigen in den Himmel kommen und die Reichen und Bösen in die Hölle. Eine solche Welt kann Gott nie gewollt haben. Eine solche Vorstellung von Gott und der Welt steht im Widerspruch zur menschlichen Vernunft. So kann die Gottesfrage niemals gestellt werden.

7   Der religiöse Realismus

Aus der Menschheitsgeschichte ist uns heute bekannt, dass schon im Zeitalter des primitiven Menschen es Gedanken an ein übernatürliches Wesen gab, das im Guten oder Bösen schicksalhaft auf die Erdenbürger einzuwirken vermochte und durch Opfergaben versöhnlich gestimmt werden konnte. Im Band 1 zur Weltgeschichte [1] wird darauf hingewiesen, dass im Denken dieser primitiven Menschen Vorstellungen von einem Jenseits verbunden waren, die besonders in den ersten mystischen Kulthandlungen in der Beisetzung ihrer Toten zum Ausdruck kamen. In der späteren Zeit, mit der weiteren Entwicklung der menschlichen Gesellschaft, bildeten sich mystisch polytheistische Religionen heraus. Beim primitiven Menschen war es in erster Linie die Furcht, die religiöse Vorstellungen hervorgerufen hat. Einstein bezeichnet diese Art von Religion als Furcht-Religion, da auf dieser Stufe des Daseins die Einsicht in die kausalen Zusammenhänge sehr gering war. Mit der Entstehung der Sprache, der Schrift und der weiteren Vervollkommnung der Werkzeuge sowie der Kultur schlechthin vollzog sich auch die weitere Entwicklung des religiösen Lebens. Man kann diese Zeit mit Recht, wie Jasper es feststellte [32], als die Vorgeschichte der Menschheit bezeichnen, die vor rund fünftausend Jahren abgeschlossen wurde.

Mit der Entwicklung der alten Hochkulturen im Orient, Indien und China vollzog sich auch ein allmählicher Übergang vom Zeitalter der religiösen Mystik in diesen Gebieten zu den höheren Religionen des Judentums, der Lehre Zarathustras, dem Hinduismus und dem Buddhismus. Die höheren Religionen haben seit über zweieinhalbtausend Jahren daran gearbeitet, das Fühlen und Denken der Menschen auf die große soziale und moralische Umkehr vorzubereiten. Es begann das Zeitalter der ethischen Religionen als eine höhere Entwicklungsstufe gegenüber den überlieferten mystischen Religionen der Vorgeschichte der Menschheit. Die von ihnen bekundete Realität des Geistes führte über die ortsgebundene nationale Gottheit zu etwas Universalem und Absolutem. Es waren hauptsächlich die Gebrechen und Übel der Zivilisation in diesen

Bereichen der Hochkulturen, die den Weg für die damaligen Propheten ebneten, die absolute Realität des Geistes und seiner moralischen Gebote für den Menschen zu verkünden. Sie verkündeten die Unabhängigkeit ihrer Religion gegenüber jeder weltlichen Gesellschaft und jeder weltlichen Kultur. Die so genannten höheren Religionen, an deren Anfang die jüdische Religion steht, waren nicht mehr an bestimmte gebietlich begrenzte Gemeinwesen gebunden. Die höheren Religionen brachten ein neues Element, die unmittelbare Beziehung mit der Realität des Geistes ohne direkte Vermittlung durch das organisierte menschliche Gemeinwesen. Es gab keine ortsgebundene nationale Gottheit, sondern etwas Universales und Absolutes. [33]

Die höheren Religionen befassten sich nicht mit den Menschen als Stammesangehörige, sondern mit dem Menschen als Person. Auf diese Weise erfuhr der Mensch, dass er nicht mehr der willenlose Sklave des lokal begrenzten Staatswesens ist. Die Loslösung der Gläubigen von den Institutionen des ortsgebundenen Gemeinwesens führte die Gläubigen zu eigenen religiösen Institutionen. Die Religionsgemeinschaften führten infolge ihrer Institutionalisierung zu ethischen Gemeinwesen. Die älteste Hochreligion, verkündet durch seinen Propheten Moses als jüdische Offenbarung, dass ein Gott über alle Menschen und über das ganze Universum herrsche, hat sich äußerst fruchtbar erwiesen, weil es dazu beitrug, dem Christentum und dem Islam Gestalt zu geben. Bis zu Christi hatte es seine einzigartige Form als ethischer Monotheismus. Unter Führung von Moses haben die alten Israelisten ihren Glauben an den einzigen Gott Jahwe erworben. Aber der Gott, zu dessen Anbetung Moses seine Anhänger verpflichtet, war unsichtbar, geistiger Natur und durfte nicht im Bilde und Skulpturen dargestellt werden. Das Judentum als die älteste ethischen Hochreligion repräsentierte die Gottesoffenbarung in ihrer Aussage, dass die Existenz des Kosmos und seiner Bewohner von dem Wirken eines von der Welt verschiedenen und ihr unendlich überlegenen persönlichen Gottes abhängig ist. Für sie ist die Welt einmal zu einem bestimmten Zeitpunkt geschaffen worden und wird auch einmal ein Ende finden. Eine evolutionäre Entwicklung der Welt wird ausgeschlossen. Diese grundsätzliche Aussage beinhalten alle nachfolgenden Offenbarungsreligionen. Allen Hochreligionen ist jedoch eines gemeinsam, sie verbindet die Überzeugung mit dem Glauben an eine sittliche Ordnung der Welt. Dieser Grundtatsache muss immer Rechnung getragen werden, wenn man von den Hochreligionen spricht und ihre geschichtliche Entwicklung verfolgt.

Nach Glasenapp [8] werden die großen Religionen in zwei Gruppen, in solche, die östlich, und solche, die westlich vom Hindukusch entstanden sind, eingeteilt. Die östlichen als „Religionen des ewigen Weltgesetzes" und die westlichen als Religionen der „geschichtlichen Gottesoffenbarung". Charakteristisch ist dabei, dass die Religionen des ewigen Weltgesetzes im Gegensatz zu den Offenbarungsreligionen die Welt als ewig und ohne ersten Anfang und kein definitives Ende sehen. Sie wird von einer immanenten Gesetzlichkeit beherrscht. Dabei ist es auch nicht verwunderlich, dass die östlichen Hochreligionen Züge philosophischer Betrachtungen in sich tragen. Besonders starke philosophische Züge tragen die Religionen des chinesischen Universums, der Konfuzianismus und der Taoismus. Die Besonderheit dieser beiden Religionen bestand darin, dass sie in ihrer Ethik nicht nur den Einzelnen zu vornehmen Charakteren erziehen wollten, sondern vielmehr die Gesamtheit des Volkes auf eine hohe sittliche Stufe zu erheben. Getragen von den hohen ethischen Zielstellungen des chinesischen Universums verfolgten viele nachkommende Sekten und Geheimbünde nicht nur rein religiöse, sondern auch politische Zielsetzungen, die den herrschenden Mächten nicht genehm waren und deshalb einer starken Unterdrückung ausgesetzt waren. Das Herausragende war, dass Konfuzius als praktische Richtschnur des Handelns die so genannte goldene Regel „Was du nicht willst, das man dir tu, das füg auch keinem anderen zu" in Anlehnung an Buddhas Lehre in den Mittelpunkt stellte. Auch Voltaire charakterisiert Konfuzius als einen schlichten und ehrlichen Weisen, der als Gesetzgeber die Menschen niemals betrügen wollte. Nach Voltaires Auffassung sind nach Konfuzius auf der ganzen Erde keine schöneren Lebensregeln verkündet worden. [34]

Der religiöse Realismus

Allgemein kann eingeschätzt werden, dass in weltanschaulicher Hinsicht die heiligen Schriften des chinesischen Universums philosophischen Charakter im Gegensatz zu Bibel und Koran tragen. Konfuzius lehnte jede metaphysische Spekulation über transzendente Dinge ab. Dafür stand ihm der Glaube, der sich aus der Vernunft des Menschen rekrutieren sollte, im Vordergrund. In diesem Zusammenhang soll er gesagt haben: „Ein Mensch ohne Glauben: ich weiß nicht, was mit einem solchen zu machen ist." Bei Konfuzius ist das Transzendente des Tao das Gesetz, durch welches der Himmel die Natur und das Menschenleben in Ordnung hält. Er sagt aber auch, dass der Mensch sich durch diese Deutung nicht begnügen sollte; er muss vielmehr auch bestrebt sein, durch seine ethische Gesinnung in dieser Welt ein sinnvolles und lebenswertes Dasein zu gestalten. Die Konfuzianer sind Realisten, von ihnen wird die objektive Realität der Außenwelt nicht bestritten. Im chinesischen Universum liegen die Wurzeln des religiösen Realismus. Auf dem damals noch sehr niedrigen Stand der Naturwissenschaften bildeten sich jedoch die ersten ethisch-philosophischen Grundrichtungen heraus. Es waren die Keime des philosophischen Glaubens und der damit verbundenen natürlichen Religion. Die Schulen dieser Gelehrten waren keine religiösen Institutionen, sondern philosophische Einrichtungen, die die Lehren der Meister aufnahmen und weiterentwickelten.

Die religiöse Moralphilosophie von Konfuzius, die den ethischen Vorstellungen des Volkes entsprach, störte die Machtbestrebungen des ersten Kaisers von China, der sein gewaltiges Reich mit beispielloser Brutalität regierte. Aus Furcht vor diesen Ideen ließ er die Werke von Konfuzius öffentliche verbrennen. Diesem Beispiel folgten viele Diktatoren bis in die jüngste Zeit hinein. Später jedoch im Interesse der nachfolgenden chinesischen Herrscher wurden die Ideen von Konfuzius zu einer offiziellen staatlichen Religion des chinesischen Kaiserreiches deklariert. Es wurde ihm eine Stellung eingeräumt, die fast derjenigen der Stifter in anderen Religionen entspricht. Eine 1910 gegründete konfuzianische Kirche suchte ihn sogar zu einer Religion nach christlichem Muster zu entwickeln, in der sie Konfuzius als den größten Meister der

Menschheit, die heiligen Schriften als eine Art Bibel verehrte. Es ist eine unumstößliche Wahrheit, dass im Verlaufe der menschlichen Geschichte die Lehren weiser Menschen im Interesse der Herrschenden zu Staatsreligionen erhoben und für ihre Interessen genutzt werden. Aus diesen bösen Erfahrungen heraus verstieg sich Marx zu der einseitigen und gleichzeitig niederträchtigen Behauptung, dass die Religion Opium für das Volk wäre. Alle bisher vorgebrachten hohen Religionen hatten ethischen Charakter, ihre Verkünder waren weise Menschen, die von einem tiefen Glauben an eine höhere transzendente Macht durchdrungen waren. Erst durch die unterschiedliche Auslegung über die Existenz Gottes und der Welt entstanden die weltanschaulichen Differenzen. Die besondere Intoleranz bei den Offenbarungsreligionen führte zu dem gefürchteten Religionsfanatismus. Die Geschichte des Christentums und des Islam kennt deshalb zahlreiche Glaubenskämpfe, Verfolgungen Andersgläubiger und Inquisitionsprozesse. In dieser Hinsicht haben die Religionen des ewigen Weltgesetzes zweifellos das Prinzip der Duldung am meisten verwirklicht. Diese Religionen tragen als Urkeim den philosophischen Glauben in sich und sind nicht irgendwelchen Vorsehungen noch göttlichen Offenbarungen verfallen, die ihre Propheten zu reinen Dogmen gemacht haben.

Im Zuge der Entwicklung der Zivilisation, vor unserer Zeitrechnung, bildeten sich drei Säulen des weltanschaulichen Denkens heraus. Die erste Säule bezieht sich auf die Offenbarungsreligion des Judentums, die zweite auf die Religionen des ewigen Weltgesetzes und die dritte Säule der klassischen antiken theistischen Philosophie mit ihrem Kern der Metaphysik. Das 5. und 4. Jahrhundert v. Chr. war die Blütezeit der antiken griechischen Kultur und Zivilisation. Schon in dem vorhergehenden Zeitalter der griechischen Klassik, indem die Städte auf Grund der Tatsache einer tiefgreifenden wirtschaftlichen Änderung zu Zentren des wirtschaftlichen und später auch des politischen Lebens werden, nimmt die helenische Zivilisation einen großen Aufschwung. Die Griechen übernahmen von den Phönikern die Schrift und entwickelten aus ihr das leicht erlernbare griechische Alphabet. Diese Errungenschaft war fundamental. Die Phase der Schriftlosigkeit war überwunden. Es war eine entscheidende Voraussetzung für die Entstehung einer intellektuellen Bildung. Die Schriftsprache verlieh den Geistesschaffenden auf allen Gebieten große Möglichkeiten, sowohl der philosophischen wie literarischen Darstellung, und übte somit einen großen Einfluss auf den so genannten griechischen Geist aus. Mit dem Aufstieg Athens zu einem einzigartigen politischen System, der Polis, wurde die griechische Kultur und Zivilisation enorm gefördert. Das Streben nach geistiger Bildung, vor allem die Erlangung von Kenntnissen über die Natur, nahm enorm zu. Schon im 6. Jahrhundert v. Chr. war es Anaximander sowie Thales, die sich besonders darum bemühten, Einblicke in die Natur zu gewinnen und sie auch philosophisch zu deuten. Es entwickelte sich die so genannte Naturphilosophie. Das neue Wissen von der Natur richtete sich auch gegen den herrschenden Mythos. Mit der ionischen Naturphilosophie trat ein völlig autonomer Denkprozess ins Leben, der sich hinfort ausschließlich durch die Dialektik des Logos erschloss, wie es nach A. Heus [35] bis dahin auf der Welt noch nicht gegeben hatte. Aus der besonders auf die Natur bezogenen Forschung durch Heraklit, Lenkipp und Demokrit wurden die Grundlagen für den antiken Materialismus geschaffen. Im Unterschied zu allen vorhergehenden materialistischen Auffassungen, die die ganze Mannigfaltigkeit der Naturerscheinungen als Modifizierung eines „Urstoffs" des Wassers, der Luft, des Feuers auffassten, entwickelten sie den atomistischen Materialismus. Die Philosophie der Antike begann mit einer allumfassenden Wissenssammlung. Sie besaßen schon damals gewisse mathematische, astronomische, physikalische u. a. Kenntnisse, die sie aber noch nicht in Spezialwissenschaften gegliedert hatten und damit Bestandteil der Philosophie waren. Die wichtigste Besonderheit der Philosophie besteht darin, dass sie seit ihrer Entstehung auf eine mehr oder weniger geschlossene Weltanschauung ausgerichtet war. Die Grundfrage der Weltanschauung ist jedoch die Frage nach dem Verhältnis des Denkens zum Sein, des Geistes zur Natur. Die antike Philosophie Griechenlands konnte sich deshalb sowohl in der materialistischen wie idealistischen Richtung so allseitig entwickeln, da die griechische mystische Religion sehr unverbindlich in diesen Weltansichtsfragen war und die Philosophie ohne Rücksicht auf autoritative Anschauungen des religiösen Glaubens ihre Lehren entfalten konnte. Eine andere wichtige Voraussetzung für ihre Möglichkeit war die Distanz der staatlichen Gemeinschaft.

In der griechischen Philosophiegeschichte spielt die Person des Sokrates eine besondere Rolle. Mit ihm endet die Zeit der Naturphilosophie und beginnt die philosophische Ethik. Sein Schüler Platon war der Begründer der idealistischen Weltanschauung. Der Kosmos wird teleologisch gedeutet und weist auf die Existenz eines Wesens hin, das nicht nur die Ordnung, sondern auch das Gute im Weltganzen schafft. Diese Weltauffassung steht im Gegensatz zur materialistischen Auffassung, die den Kosmos als ein Produkt zufälliger Verflechtung elementarer Seinspartikel auffasst, in der die Gottheit mit einer solchen Welt nichts zu schaffen hat. Für Platon wie für Aristoteles ist die Seele des Menschen mit der Gottheit und der Weltseele verwandt, darum auch befähigt, ihr erkennend nahe zu kommen. Mit der besonderen Hervorhebung der Ideen gegenüber den Dingen durch Platon wurde seine Lehre zu einem reinen philosophischen Idealismus. Die Wirklichkeit war die Welt der Ideen. Damit bildeten sich schon in der Antike die zwei Extreme der philosophischen Weltanschauung heraus, der Materialismus und der Idealismus. Somit kämpften schon vom Altertum her zwei entgegengesetzte philosophische Richtungen miteinander um das Primat entweder Geist, Idee oder Materie. Aristoteles, ein Schüler Platons, erkannte sehr bald die Unhaltbarkeit einer solchen extremen Philosophie. Er kritisierte Platons allzu radikale Trennung der Welt der Erfahrung von der Welt der Ideen. Er nahm keine von den erfahrenen Dingen abgetrennte Realität an, verfiel aber dabei auch nicht dem anderen Extrem, dem Materialismus, obwohl er den empirischen Disziplinen große Bedeutung schenkte. Für ihn gab es keine getrennte materielle noch ideelle Welt. Es gibt nur eine reale Welt, die beides einschließt. Aristoteles war es auch, der die Einheitlichkeit der Philosophie in ihren drei Bestandteilen hervorhob. Es war ein besonderes Verdienst Aristoteles', die Philosophie, die bis dahin als universale Einheitswissenschaft galt, in die wesentlichen weltanschaulichen, ethischen und politischen Disziplinen unterteilt zu haben. Den Kern bildete die so genannte „Erste Philosophie", die später auch „Metaphysik" genannte wurde. Mit seiner teleologischen Weltansicht unter Einbindung der Erfahrungswelt schuf er die Grundsätze des mystischen Realismus. Für ihn ist Gott eine ewige Substanz, erste Ursache und erster Beweger, er nennt ihn einen göttlichen Geist, der das Denken denkt. Damit wurde die philosophische Theologie geboren, die auch im Überschwang des hohen Stellenwertes der Logik die Metaphysik gebar. In dieser Zeit, wo nur Wissen und Meinen in der philosophischen Betrachtung ihre Daseinsweise fand, wurde dem religiösen Glauben, wie Glauben überhaupt, keine Beachtung geschenkt. Aristoteles erhob die Metaphysik auch als Wissenschaft über Gott und entzog ihr jeglichen religiösen Glauben. Alle nachfolgenden metaphysischen Philosophien arteten in reine Spekulationen aus und führten über einen langen Weg letztendlich aus materialistischer Sicht gesehen zum dialektischen Materialismus und aus idealistischer Sicht zum dialektischen hegelischen Idealismus.

Die reinen Ansätze des religiösen Realismus, wie sie in der Religionsphilosophie von Konfuzius, der jede Metaphysik ablehnte, gegeben waren, gingen im mystischen Realismus von Aristoteles und der gesamten nachfolgenden so genannten abendländischen Philosophie völlig verloren. Die abendländische Philosophie geriet in der Zeit des Feudalismus in völlige Abhängigkeit zur Theologie des Offenbarungsglaubens. Der sinnlose Streit zwischen Wissen und Glauben brachte die Philosophie in hohen Misskredit und sie verlor als Wissenschaft immer mehr an Bedeutung. Alle von der idealistischen Philosophie sowie Theologie aufgestellten so genannten Gottesbeweise, wie der ontologische, kosmologische, teleologische und moralische, erfüllten ihren wissenschaftlichen Anspruch nicht. Die Gottesbeweise unterlagen einer heftigen Kritik und erfüllten ihren Sinn nicht, da es reine Behauptungen waren, die in einem wissenschaftlichen Streit keine eindeutige Begründung fanden und als reine Hypothesen fungierten. Infolge ihrer metaphysischen Ansichten versuchte man, die wissenschaftliche Arbeit zu überspringen und durch willkommene Behauptungen zu ersetzen. Alle Versuche, aus der Erfahrung und Wertung der Einzelwissenschaften über eine so genannte induktive Metaphysik zu diesen Grundsatzfragen der Philosophie zu gelangen, sind gescheitert und werden auch in Zukunft scheitern. Von den Metaphysikern des 17. Jahrhunderts wurde die spekulative Metaphilosophie zur Königin der Wissenschaften erhoben und ist infolge der kritischen Gegenströmung zum philosophischen Aschenbrödel geworden.

Das spekulative Denken entwirft keine Theorien im Sinne einer wissenschaftlichen Forschung. Ein endgültiges wissenschaftliches Weltbild, wie es besonders in jüngster Zeit die Naturwissenschaftler anstreben, wird es niemals geben, das ursächlichste Sein sowohl im Mikro- wie im Makrokosmos bleibt uns endlichen Wesen verschlossen. Aber auch jedes transzendente Beschauen und Denken darf nicht die Realität dieser Welt außer Acht lassen, sonst gerät alles ins Leere. Die menschliche Vernunft muss sich im Blick auf die Transzendenz in Demut ergeben. Mit vollem Recht erklärt Jaspers: „Das höchste Wissen der Philosophie spricht sich auch als Nichtwissen aus, nicht auf Unwissen, sondern das auf dem Grunde allen Wissens, erst an dessen Grenzen sich vollendete Nichtwissen ist." [6] Der philosophische Glaube, aus der Vernunft geboren, erkennt die Realität im vollen Umfange an und sieht aus den Chiffren der Transzendenz, Postulate die zur Annahme der Existenz Gottes als einer uns überlegenen Vernunft, die sich in unserer erfahrbaren Welt offenbart, als gegeben. Nicht aus dem ‚metaphysischen Wissen' heraus, sondern aus der Glaubensgewissheit sind diese „Gottesbeweise" als Hinweise auf Gott und seiner Relevanz zu deuten. Die Zeit der Aufklärung, die mit vollem Recht als die Zeit einer neuen Morgendämmerung der westlichen Zivilisation und als die fruchtbarste und erfolgreichste Epoche der westlichen Philosophiegeschichte bezeichnet wird, verschärfte noch mehr den Konflikt zwischen den Offenbarungsreligionen und der Wissenschaft. Die Ergebnisse der Naturwissenschaften, trotz der erbarmungslosen Unterdrückung durch die Kirche, brachten die Dogmen des Klerus ins Wanken. Besonders in der Zeit der Aufklärung nahm die gesamte Philosophie einen besonderen Aufschwung. Allesamt waren sie vorwiegend auf die erste Philosophie ausgerichtet und das Gesamtanliegen der Philosophie in seinen drei Bestandteilen fand nur wenig Berücksichtigung. Die zu Beginn der Aufklärung gelegten Grundlagen von Descartes zu einem philosophisch mystischen Rationalismus beflügelte die gesamte Philosophie dieser Zeit. Der Fortschritt in den Naturwissenschaften belebte aber auch die gesamte materialistische Philosophie dieser Zeit. Sie verstiegen sich zu einer einzigartigen Behauptung, dass sie ausgehend vom Erkenntnisstand der Naturwissenschaften die einzig wahre und daher wissenschaftliche Weltanschauung vertreten. Einer der aktivsten Gegner der materialistischen Weltanschauung war Berkeley, er vertrat in seinem Kampf gegen den Materialismus und Atheismus den Standpunkt des subjektiven Idealismus, wodurch sich seine philosophischen Anschauungen vom antiken Platonismus und von der mittelalterlichen Philosophie als Thomismus, denen der objektive Idealismus zugrunde lag, voll unterschied. Eine besondere Frage der idealistischen Philosophie in der Aufklärung war, die Existenz Gottes mit der Freiheit des menschlichen Willens zu vereinbaren. Bis zum Zeitalter der Aufklärung unterdrückte insbesondere die christliche Theologie dieses erkenntnistheoretische Thema durch das Dogma von der Erbsünde. Es war besonders Leibniz, der die Welt als einen durchgängigen Kausalzusammenhang und theologisch als zweckgerichtete Ordnung zu einer Einheit in Gott interpretierte. Insgesamt gesehen war Leibniz ohne Zweifel einer der universalen Denker und Wissenschaftler nicht nur seiner Zeit.

Durch die wissenschaftlichen Erkenntnisse im 17. und 18. Jahrhundert, gekennzeichnet durch die überragenden Leistungen solcher Naturwissenschaftler wie Galileo Galilei oder Isaac Newton, verschärften sich die bestehenden Konflikte zwischen Religion und Wissenschaft. Der überwiegende Teil dieser großen Wissenschaftler war jedoch nicht der Religion abgeneigt, sondern sie setzten sich dafür ein, dass die Vernunft ihren gebührenden Platz auch in der Religion einnahm. Von diesen Grundgedanken geleitet, trat besonders Rousseau in seinen Werken auf. Seine Werke, insbesondere der „Diskurs über die Ungleichheit", „Emil" und die Politischen Schriften, stellten wieder

94

erstmals ein geschlossenes philosophisches System in seinen drei Bestandteilen dar. Bevor man sich näher mit seinen Werken beschäftigt, muss man sich der Tatsache vergegenwärtigen, dass sein gesamtes philosophisches Schaffen unter den schlimmsten Bedingungen der Zensur geschrieben wurden. Es gab für ihn allen Grund, bei seinen Werken die einschneidenden Konsequenzen zu bedenken. Daher wählte er die Kunst des sorgfältigen Schreibens, um somit nach Möglichkeit der Verfolgung zu entgehen. Die Gedanken in allen seinen philosophischen Werken waren durchdrungen von der Idee des Humanismus, sie entwickelten eine neue Philosophie in ihrer Einheit von Weltanschauung, Ethik und daraus sich ergebender politischer Konsequenz. Seine Werke beinhalten den religiösen Realismus der neuen Zeit. Weil er eine völlig andere Philosophie schuf, musste er sich auch grundsätzlich mit den vorherrschenden Philosophierichtungen sowohl des Idealismus wie auch des Materialismus, der Theologie des Offenbarungsglaubens, als auch der bestehenden weltlichen Herrschaftsstrukturen auseinander setzen. Er war ein vielgehasster Mensch, sowohl von den Philosophen als auch der Kirche und der staatlichen Herrscher. Durch seine Werke gerieten althergebrachte Traditionen ins Wanken. Er stand und steht immer außerhalb der Zeit, er ist der ewige Anwalt des Menschen im Kampf um seine Freiheit. Die Furcht vor seinen Werken reicht bei den Herrschenden aller Schattierungen bis in die heutigen Tage hinein. Die Mehrzahl der Philosophen aller Richtungen, als auch der Theologie, meiden seine Werke, obwohl seine Ideen, auch ohne auf ihn Bezug zu nehmen, sich in vielen Abhandlungen ihrer Schriften widerspiegeln. Seine Ideen sind eingemauert und unsichtbar wie der Grundstein in jedem Gebäude. Wie Stefan Zweig es einmal sagte, schuf dieser erstaunliche Mensch immer Revolution, wenn er zur Feder griff. Sein Hauptwerk „Emil" ist kein Roman der Erziehung, sondern ein Buch der Ideen. Es ist ein ewig gegenwärtiges Werk mit explosiver Wirkung im Umsturz des Denkens, der Sitte und des Glaubens. Es ist nicht in erster Linie ein pädagogisches Werk, sondern mit dem Kernstück des „Savoyischen Geistlichen" eine Weltanschauung des freien vernunftbegabten Menschen. Eine explosive Wirkung löste das

Werk schon nach seinem Erscheinen im Jahre 1762 aus. Die damalige Regierung erlässt einen Haftbefehl gegen den Autor, dem sich Rousseau durch Flucht in die Schweiz entziehen kann. Das Buch wird öffentlich verbrannt. In Aufruhr gerät die ganze damalige literarische Welt. Rousseau hat „Emil" als sein Hauptwerk bezeichnet. Vorangegangene Schriften waren nur Vorstufen. In „Emil" ging es ihm darum, ausgehend von den bestehenden Zweifeln an dem Offenbarungsglauben und den damaligen vielfältigen philosophischen Richtungen seinen eigenen Standpunkt über die Welt und Gott zu finden. Bei dieser Wahrheitsfindung setzte er sein Denken als aktives Prinzip an den Anfang. In diesem Zusammenhang betont er: „Ich existiere und habe Sinne, durch die ich beeindruckt werde. Das ist die erste Wahrheit, die mir entgegen tritt, und die ich anzuerkennen gezwungen bin." [4] S. 279 – Neben seiner Existenz sah er die Gegenstände, die Materie, indem er sagt: „Ich nenne alles, was ich außerhalb meiner fühle und was auf meine Sinne wirkt, Materie, und alle Teile der Materie, die ich im Einzelwesen erkenne, nenne ich Körper. Daher haben alle Streitigkeiten der Idealisten und der Materialisten keinen Sinn für mich; ihre Unterscheidungen von Erscheinung und Realität der Körper sind Hirngespinste." [4] S. 280 – Der von ihm dargelegten natürlichen Religion liegt zu Beginn ein agnostischer Standpunkt zugrunde. Er geht davon aus, dass wir durch unsere Fähigkeiten auf sinnhafte Dinge beschränkt sind und zu den rein geistigen Ideen keinen Zugang haben. „Das unbegreifliche, alles umfassende Wesen, das die Welt bewegt und die ganze Ordnung des Seienden schafft, ist unsichtbar und ungreifbar. Es entzieht sich unseren Sinnen." [4] S. 264

Seine von der Vernunft und dem inneren Gefühl getragenen Erkenntnisse deklarierte er nicht zu irgendwelchen Gottesbeweisen, sondern als feststehende Glaubensartikel. Seine teleologische Grundansicht über die Welt deklariert er im ersten Glaubensartikel, dass ein Wille das Weltall und die Natur belebt. So konsequent, wie er der Metaphysik gegenübertrat, ebenso konsequent verteidigte er seinen Standpunkt gegenüber dem Materialismus. Für ihn waren die Überlegungen der Materialisten widersinnige Voraussetzungen, da sie die ganze Harmonie des

Weltalls von einem blinden Mechanismus einer zufällig bewegten Materie herleiten. In seinem Werk „Emil" begründete Rousseau in seinen Glaubensartikeln den Vernunftsglauben oder auch philosophischen Glauben der natürlichen Religion. Er forderte den vernunftsbegabten Menschen auf, sich auch vor Philosophen zu Gott zu bekennen, denn die höchsten Vorstellungen von der Gottheit gibt uns die Vernunft. Der überintellektuelle Philosoph erschien Rousseau von der wahren Erkenntnis so weit entfernt zu sein wie der vernunftslose Wilde; beiden fehlt der vernünftige Glaube. In der Mitte zwischen dem areligiösen Wilden und dem atheistischen Philosophen steht der wahrhafte Mensch. Ein Höhepunkt seines Glaubensbekenntnisses war die Lehre von Gewissen. Die göttlichen Gebote an den Menschen fasste er in den folgenden Aussagen zusammen: Gott hat uns die Vernunft gegeben, um das Gute zu erkennen, das Gewissen, um es zu lieben, und die Freiheit, um es zu wählen.

Rousseau stellte das Gewissen niemals der Vernunft entgegen, obwohl er damals noch nicht erkannte, dass Vernunft Wissen und Gewissen in sich einbezieht. Er sagte aber schon damals bereits, dass die Vernunft in einen heillosen Widerspruch gerät, wenn der Mensch die Vernunft, er meinte damit die Intelligenz, die ihm von der Natur als ein Organ der praktischen Weltorientierung und vitalen Selbsterhaltung gegeben sei, zu einer abstrakten rein theoretischen Erkenntnis benutze. Eine Vernunft ohne Gewissen ist für Rousseau eine grundsatzlose Vernunft, die von Irrtum sich zu Irrtum verliert. In der Vereinigung von Vernunft und Gewissen sieht er den gottähnlichen Menschen. Die Erkenntnis des Menschen bedarf neben der Vernunft, als ihr eigentliches Organ, nach einer „kritischen Instanz", die die Vernunft zu korrigieren imstande ist; das nennt Rousseau das „innere Gefühl". In seiner Schrift zu „Rousseaus Lehre vom Menschen" [36] hat Martin Rang eine tiefgründige Analyse und Einschätzung zu den Werken Rousseaus gegeben, die er in folgenden Grundsätzen darstellt.

1. *Im Vordergrund der Welterkenntnis stand für Rousseau das Prinzip der Evidenz. Von jedem Menschen wird eine persönliche Glaubensentschei-*

dung gefordert, aber eine Entscheidung, welche nicht außerhalb rationaler Prüfung, geschweige denn gegen die Vernunft zu fällen ist, sondern gerade die ernsthafteste rationale Prüfung voraussetzt. In der Glaubensfrage ließen sich von dieser Voraussetzung alle Großen dieser Welt leiten. Eine Glaubensentscheidung aus Tradition und religiöser Erfahrung war für Rousseau irrational. Rousseau teilt das Vertrauen in die Macht der rationalen Vernunft nicht. Gewissen ist die leise innere Stimme, die voll warnt, aber auch bestätigt und beruhigt. Gefühl und Vernunft, Trieb und Einsicht zusammen bilden erst unser moralisches Bewusstsein.

Rousseaus philosophische Grundüberzeugung war: Universalität des Sittengesetzes einerseits und natürliche Entwicklung des sittlichen Bewusstseins andererseits. Rousseau behauptet, dass das sittliche Bewusstsein sich aus Gefühl und Vernunft bildet, das sittliche Gefühl ist angeboren, die sittliche Erkenntnis aber durch Erziehung erworben werde. Ein moralisches Wertgefühl ohne entsprechende Werteinsicht ist offen und gegenstandslos. Rousseau steht im tiefen Gegensatz in der moralischen Anschauung zur christlichen Ethik. Die christliche Ethik behauptet, der Mensch sei aus eigener Kraft zum Guten nicht fähig und bedürfe des göttlichen Beistandes. Rousseau lehnt Bittgebet ab, nur Anbetung und Danksagung. Gebet heißt für Rousseau Erhebung – Erhebung zu Gott. Das Gebet hält den Menschen bei sich selbst fest, indem es ihm bei Gott festhält. Dies ist bei Rousseau der Sinn der Religion überhaupt, sie gibt den Menschen einen Halt. Für Rousseau gibt es nur ein mögliches Gottverhalten: das Verhältnis des Menschen guten Gewissens zum gerechten Gott. Die Liebe zum Guten ist Hinwendung des Menschen als Geschöpf zu Gott,, seinem Schöpfer.

2.   *Eine besonders schöpferische Leistung vollbrachte Rousseau als Ethiker und Moralpädagoge. Der tugendhafte Mensch folgt seiner Vernunft und seinem Gewissen und befiehlt seinem Herzen. Ohne Tugend gibt es kein wahres und dauerhaftes Glück.*

In der Frage, ob die Moral unabhängig vom Gottesglauben bestehen könne, trat Rousseau mit Leidenschaft entgegen, er sah darin nur eine Heuchelei. Bei Rousseau gehen Gottesliebe und Selbstliebe ineinander über. Rousseau urteilt nicht aus der Tradition der calvinistischen Ethik, er fragt nicht nach den Forderungen eines absoluten göttlichen Sittengesetzes, sondern nach den Notwendigkeiten und Möglichkeiten des menschlichen Lebens. Was wir ändern müssen, sind viel weniger unsere Begierden als die Situation, die sie hervorrufen. Darum sind alle Laster und die daraus erwachsenden Probleme in unserem Leben unser eigenes Werk.

3. *In Rousseaus Darstellung des Naturzustandes haben wir nicht so sehr den elegischen Lobpreis eines verlorenen Paradieses zu sehen, als den Hinweis auf die Fragwürdigkeit des Fortschritts. Man verfälscht Rousseaus Idee, wenn man den Naturzustand als den Idealzustand ansieht. Rousseaus Anschauung war, dass der Aufstieg der Menschheit aus der Niederung des Naturzustandes mit dem fortgesetzten Verlust natürlicher Unschuld und natürlichen Glückes erkauft wurde. Der Fortschritt ist also zugleich Gewinn und Verlust, Segen und Fluch. Fichtes Feststellung ist falsch, wenn er von Rousseau sagt: „Ihm ist Rückkehr Fortgang, ihm ist jener verlassene Naturzustand das letzte Ziel, zu welchem die jetzt verdorbene und verbildete Menschheit endlich gelangen muss."*

Im Menschen liegt beides, Natur oder Entartung. Es ist eine bittere Wahrheit, dass überall der Eigensüchtige seinen Vorteil nicht mit, sondern gegen die Interessen der anderen zu gewinnen sucht. Es ist nicht wahr, dass im Zustand der Unabhängigkeit die Vernunft uns antreibt, am Gemeininteresse mit Rücksicht auf unser eigenes Interesse mitzuwirken. Rousseaus Gesellschaftsvertrag beachtet diesen Zustand, wie aus Summation der divergierenden Einzelinteressen so etwas wie ein geordnetes Gemeinschaftsleben entstehen kann. Rousseau hat als einziger den ganzen Umfang von Schwierigkeiten erkannt, die sich aus dem gemeinschaftlichen Leben ergeben. Rettung aus dem Chaos, ist Ordnung des Gesetzes.

Außerhalb des Rechts gibt es keinen Ausweg aus dem Interessenkampf. Die Spannung von Individuum und Gemeinschaft ist niemals innerhalb der freien Gesellschaft, sondern nur in Bindung durch Staat und Recht lösbar. Ein Staat hat zwei Aufgaben, eine politische, wie Gesetzgebung, Verwaltung usw., und eine pädagogische, Erziehung der Staatsbürger. Der Staat gewinnt seine Stärke aus der Anteilnahme seiner Bürger, ohne Anteilnahme sei er tot und zerfallen.

Gesetz und Sitte müssen eins werden. Über beiden wacht mehr noch als der Gesetzgeber und Richter die öffentliche Meinung, was nicht in Analogie zur Massenpropaganda zu verstehen ist. Was Rousseau vorschwebt, ist die innere Durchdringung von persönlicher Tugend, nationaler Sitte und staatlicher Autorität.

Die hier von Martin Rang dargelegten Grundsätze über die Werke von Rousseau charakterisieren sehr eindeutig die geschlossene Philosophie eines religiösen Realismus in seinen drei Bestandteilen, der Weltansicht, der Ethik und der Politik. Sein eindeutiges Bekenntnis zum philosophischen Glauben, dem wahren Theismus in Gestalt der natürlichen Religion, die die Kirchenführer so gerne mit dem Atheismus oder der Irreligion gleichsetzen, forderte jeden vernunftsbegabten Menschen zu einem tiefgründigen Urteil in seiner Weltanschauung heraus. Menschlichkeit gehört in erster Linie zur wahren Göttlichkeit. Die natürliche Religion setzt die neuen Zeichen, die Zeichen der göttlichen Vernunft. Mit dem Fortschreiten von Bildung und Wissen geraten die Religionen, die auf Tradition beruhen, immer mehr in große Schwierigkeiten. Die Vernunft des Menschen fordert eine neue, die natürliche Religion immer mehr. Für Rousseau war es ein unumstößlicher Grundsatz, dass die höchsten Vorstellungen von der Gottheit uns nur die Vernunft gibt.

In seiner kritischen Auseinandersetzung mit den Offenbarungsreligionen weist er jedoch immer wieder auf die notwendige Toleranz hin, die zwischen den Konfessionen geachtet werden muss. Dem bis in die heutigen Tage sich vollziehenden Religionsstreit trat er schon damals sehr

energisch entgegen. „Ich betrachte die einzelnen Religionen als Heilsein-
richtungen, die in jedem Land einen einheitlichen Gottesdienst vorschreiben und die alle im Klima, in der Regierung, im Volkscharakter
oder in sonst einer örtlichen Ursache ihre Berechtigung haben können,
die der einen vor der anderen je nach Zeit und Ort den Vorrang gibt. Ich
halte alle für gut, wenn man Gott darin nur in angemessener Weise
dient. Der wahre Gottesdienst kommt aus dem Herzen. Gott weist diese
Huldigung nicht zurück, wenn sie ehrlich ist, unter welcher Form sie
ihm auch dargebracht wird." [4] S. 328 – Warnend trat er jedoch gegen
jegliche Form der Intoleranz auf, indem er sagt: „Die Pflicht, die Religion
seines Landes zu bekennen und zu lieben, reicht nicht bis zu den Dogmen, die wirklicher Moral widersprechen, wie z. B. das Dogma der Intoleranz. Dieses schreckliche Dogma wiegelt die Menschen gegeneinander
auf und macht sie alle zu Feinden der Menschheit." [4] S. 329

Für Rousseau war in erster Linie die Menschlichkeit die höchste Form
der Göttlichkeit. Rousseau trat für eine strikte Trennung von Staat und
Kirche ein, die wahren Pflichten der Religion müssen von menschlichen
Einrichtungen unabhängig sein. Eine Staatsreligion, wie sie heute in einigen Ländern der Erde praktiziert wird, war für Rousseau undenkbar.
Rousseau als religiöser Realist trat besonders gegen die hochmütigen
Philosophen auf, aber er verurteilte auch jede dogmatische Religion. Für
ihn waren die beiden Richtungen, eine Philosophie ohne Religion als
auch eine Religion ohne Philosophie, schädlich. Eine hochmütige Philosophie führt zum Fanatismus, der für ihn viel schlimmer war als der
Atheismus. Er meinte in erster Linie die Materialisten, die man meiden
sollte, da sie unter dem Vorwand, die Natur zu erklären, trostlose Lehren in die Herzen der Menschen säen. K. Marx hätte diese Warnungen
nicht so leichtfertig übersehen sollen, als Rousseau meinte: „Man müßte
aber auch erst wissen, ob die Philosophie, wenn sie die Macht hätte und
auf dem Thron säße, wirklich die Ruhmsucht, den Eigennutz, den Ehrgeiz und die niedrigen Leidenschaften des Menschen zügeln und diese
milde Menschlichkeit ausüben könnte, die sie uns mit der Feder in der
Hand rühmt." [4] S. 333 – Rousseaus Werk über die Ungleichheit wurde

von vielen Philosophen entweder falsch verstanden oder aber auch bewusst diskreditiert. Er selbst sagte, dass er mit diesem Werk seine Ideen nur für wenige Leser entwickelt habe, um die Wahrheit sicherer weiterzugeben und um sie nützlich zu machen. Solche bösen Unterstellungen, die darauf hinausliefen, Rousseau wolle mit seinem Werk über die Ungleichheit die Menschlichkeit auf den Zustand der rohen Menschen zurückführen, waren von unglaublichem Hass und Zynismus begleitet. Mit welcher entschiedenen Feindschaft er begegnet wurde, zeigen die Äußerungen des Philosophen Charles Bonnet, der in einem Brief an Haller geäußert wurde. Darin heißt es: „Vor kaum zweihundert Jahren hätten wir Rousseau verbrennen lassen. Wir haben uns darauf beschränkt, seine Bücher verbrennen zu lassen." [37] S. 450

Auch Voltaire, der mit vollem Recht als ein bedeutender Denker der Aufklärung angesehen werden muss, trat in Fragen der geschichtlichen Bewegung in scharfe, wenn nicht schon feindliche Äußerungen gegenüber Rousseau auf. Im „Philosophischen Wörterbuch" verstieg er sich zu einer solchen absurden Äußerung, indem er an Rousseau gerichtet sagte: „Wenn ich von Philosophen spreche, denke ich nicht an Spaßvögel, die die Affen des Diogenes sein möchten." [34] Rousseau stellte aber in seinem Werk niemals den Fortschritt in der gesellschaftlichen Entwicklung in Zweifel, sondern zeigte auf, wie durch tiefgreifende Veränderung der Mensch im Laufe der Geschichte seine Entwicklung von einem solitären zu einem soziablen Wesen erfahren hat. Rousseau trennten wirklich Welten von Voltaire, besonders in den Fragen, die die gesellschaftliche Entwicklung betrafen. Er konnte sich z. B. einer solchen Meinung von Voltaire niemals anschließen, der wörtlich meinte: „Auf unserer unseligen Erde ist es unmöglich, dass die in Gemeinschaft lebenden Menschen sich nicht in zwei Klassen spalten, in die Klasse der Reichen, welche befehlen, und in die Klasse der Armen, welche dienen." Mit dieser Äußerung sah Voltaire die Spaltung der Menschheit in arm und reich als gottgegeben an. Rousseau, als Republikaner, sah diese Grundsatzfrage völlig anders als Voltaire, der trotz seiner in vielen Fragen fortschrittlichen Gesinnung letztendlich ein eingeschworener Anhänger der Monarchie war.

Diesen Anfeindungen war Rousseau sich bewusst und nahm trotzdem am Wettbewerb der Akademie von Dijon teil. In diesem Zusammenhang sagt er: „... ich sandte es ein, jedoch im voraus sicher, dass es ihn nicht erhalten würde, und wohl wissend, dass für Schriften dieses Schlages die Preise der Akademie nicht gestiftet sind." [37] S. 493 – In allen Werken von Rousseau steht die Vernunft des Menschen und deren Entwicklung im Vordergrund. Rousseau hat nie das Privateigentum negiert. Er selbst betont, dass die Grundlage des Gesellschaftsvertrages des Eigentum ist, und seine erste Bedingung, dass jeder im Genuss dazu gesichert ist, was ihm gehört. Für ihn war es aber wichtig, dass jeder seinen Teil zu den öffentlichen Bedürfnissen beizutragen hat. Der Gemeinwille muss in erster Linie dem Gemeinwohl dienen. Die Ungleichheit der Menschen wird von Rousseau in letzter Instanz als eine natürliche bestimmt. Rousseau war ein wahrer Realist, der die geschichtliche Entwicklung der Menschheit in allen ihren Phasen als einen evolutionären Prozess darstellt.

Im Verlaufe dieser Entwicklung wird des Menschen physische und psychische Selbstgenügsamkeit historisch aufgebrochen. „Um sich zu ,vervollkommnen', muss der Mensch seine natürliche Vollkommenheit einbüßen. Zu einem Wesen, das über Vernunft, Sprache, Moral verfügt, kann es nur dadurch werden, dass die Menschen in Abhängigkeit geraten, dadurch, dass sie soziabel werden." [37] S. LXVI – Im einführenden Essay wird weiter festgestellt, dass die tiefgreifende Veränderung, die der Mensch im Laufe seiner Geschichte erfährt, seine Entwicklung von einem solitären zu einem soziablen Wesen ist, ist aufs engste mit der Entstehung der Gefühle der Bevorzugung verknüpft. Das Streben nach Ansehen, der Wunsch geachtet, anderen vorgezogen zu werden, ist die Verinnerlichung dieser Ungleichheit. Erst der Prozess der Zivilisation, der durch die neolithische Revolution ausgelöst wird, verleitet den Leidenschaften und den Abhängigkeiten der Menschen die materielle Gewalt, die die Errichtung der bürgerlichen Gesellschaft unausweichlich macht. Der Naturzustand war kein idyllisches Paradies, und der historischen Entwicklung des menschlich Besonderen aus dem natürlichen Allgemeinen liegt kein Sündenfall zugrunde.

Rousseau wollte zeigen, dass nicht die Natur den Menschen schlecht macht, sondern dass all die Übel vom Menschen selbst kommen. Ausgehend von dieser Tatsache entwickelt Rousseau seine Ideen vom Gesellschaftsvertrag, indem der Souverän, das Volk, durch seinen Gemeinwille der allein die Kräfte des Staates lenkt. Der Zweck muss dabei aber immer das Gemeinwohl sein. Rousseaus oberster Grundsatz war, dass der Instinkt nur im Naturzustand genügt, um zu leben. Um aber ein würdiges Leben in einer zivilisierten Gesellschaft zu führen, bedarf es der „gepflegten Vernunft". Wie groß war der Irrtum von K. Marx, der aus der von Rousseau dargelegten Entwicklung der Menschheit nicht die richtigen Schlussfolgerungen zog und zu der Ansicht kam, dass rein gesetzmäßig durch die Beseitigung des Privateigentums an Produktionsmitteln sich ein Paradies auf Erden auftun kann. Des Menschen innerer Hang zur Ungleichheit würde von selbst dadurch erlöschen und damit auch der Staat von selbst überflüssig werden. K. Marx hat weder über die Rolle der Religion noch über die Gesellschaft schlechthin die richtigen Lehren aus der Philosophie von Rousseau gezogen. Aber nicht nur K. Marx, sondern auch die großen idealistischen Philosophen Deutschlands wie Kant, Fichte und Hegel, die sich sehr eingehend mit den Werken von Rousseau befassten, verfälschten oder ignorierten die Grundansichten und Ideen von Rousseau. Kant, der Rousseau angeblich sehr verehrte und die Ansichten über das Verhältnis von Glauben und Wissen weiter vertiefen wollte, geriet mit seiner Transzendentalphilosophie ins völlige Abseits. Nach seinen Aussagen beabsichtigte er mit seinen Werken über die Vernunft, den Glauben näher an das Wissen heranzuführen. Für Rousseau ging es nicht darum, den Glauben näher an das Wissen heranzuführen, sondern Wissen und Glauben als eine Einheit in der Vernunft zu verstehen. Nur der Vernunftsglaube war für Rousseau der wahre philosophische Glaube, der in keinem Widerspruch zur Wissenschaft stand. Indem Kant die objektive Realität der Welt zu einer

„transzendentalen Realität" deklarierte, verlor er den Boden völlig zum religiösen Realismus von Rousseau.

Gegen die unhaltbare Philosophie von Kant trat besonders Herder auf. In seinem Werk „Eine Metakritik zur Kritik der reinen Vernunft" sagt er zusammenfassend: „So erfahren wir vom kritischen Idealismus nichts, als das Resultat der gemeinsten Erfahrung in der verworrensten Abstraktionssprache. Materie, Ausdehnung, Form, Raum, Zeit, Synthesis, Schema; alles liegt wie im Knäuel der gemeinen Rede da, unentwickelt oder zum Phantasma a priori gedichtet. Das Wort Idee hieß bei den Alten sehr viel; das Wort Idealismus sollte nur die Religion der reinsten Ideen bezeichnen. Dann steht es der Realität gewiß nicht entgegen, sondern ist selbst der reichste, der strengste Realismus." [38] S. 233/234 – Zur kantischen Frage vom „Ding an sich" sagt er: „Wie es ohne Gegenstände keine Anschauungsformen gab, so gibt es ohne sie auch keine Gedankenformen: denn Begriffe des Verstandes, d. i. wahre Gedanken, entspringen nur den Gegenständen durch Anerkennung des Verstandes." Und weiter sagt er dazu: „... denn den Begriff eines Dinges, welches gar nicht als Gegenstand der Sinne, sondern als ein Ding an sich selbst gedacht werden soll, kennt bei sinnlichen Gegenständen der Verstand nicht." [38] S. 238/239

Zur Rechtfertigung der Objektivität seiner praktischen Vernunft musste Kant die Gegenstände als Dinge an sich zu bloßen Erscheinungen erklären. Nach seiner Auffassung beschäftigt sich der theoretische Gebrauch der Vernunft mit Gegenständen des bloßen Erkenntnisvermögens und der praktische Gebrauch der Vernunft mit Bestimmungsgründen des Willens, welches ein Vermögen ist, den Vorstellungen entsprechende Gegenstände entweder hervorzubringen oder durch sich selbst zur Bewirkung derselben seine Kausalität zu bestimmen. Das moralische Gebot wurde somit zu einem Gesetz erhoben, das für jedes vernunftsbegabte Wesen Geltung besitzt und durch seinen Willen bestimmt wird. Wörtlich sagt er dazu: „So wie die Vernunft, in ihrer theoretischen Betrachtung der Natur, die Idee einer unbedingten Notwendigkeit ihres Urgrundes annehmen muss; so setzt sie auch, in praktischer, ihre eigene (in Ansehung der Natur) unbedingte Kausalität, diese Freiheit voraus, indem sie sich ihres moralischen Gebots bewusst ist." [23] S. 385

Mit der Begründung einer solchen gesetzmäßigen Moralität, die unserem Vernunftsvermögen entspringt, begründet Kant auch zugleich ein moralisches Wesen als Welturheber und Gott. An dieser Objektivität des moralischen Systems, die der Mensch in seiner praktischen Vernunft gewahr wird, begründet er den göttlich gesetzgebenden Willen Gottes. In seinem ehrgeizigen Ziel, den Glauben näher an das Wissen heranzuführen, sollte diese Theorie über die praktische Vernunft die bestehende Lücke zwischen Wissen und Glauben schließen. Wie die Objektivität des moralischen Gesetzes, im Gebrauch der praktischen Vernunft, sich darstellen soll, begründet er folgendermaßen: „Außer dem Verhältnisse aber, darin der Verstand zu Gegenständen (im theoretischen Erkenntnisse) steht, hat er auch eines zum Begehrungsvermögen, das drum Wille heißt, und der reine Wille, sofern der reine Verstand (der in solchem Falle Vernunft heißt) durch die bloße Vorstellung eines Gesetzes praktisch ist. Die objektive Realität eines reinen Willens, oder, welches einerlei ist, einer reinen praktischen Vernunft ist im moralischen Gesetze a priori gleichsam durch ein Faktum gegeben; denn so kann man eine Willensbestimmung nennen, die unvermeidlich ist, ob sie gleich nicht auf empirischen Prinzipien beruht. Im Begriffe eines Willens aber ist der Begriff der Kausalität schon enthalten, mithin in dem eines reinen Willens der Begriff einer Kausalität mit Freiheit, d. i. die nicht nach Naturgesetzen bestimmbar, folglich keiner empirischen Anschauung als Beweises seiner Realität, fähig ist, dennoch aber in dem reinen praktischen Gesetze a priori, seine objektive Realität, doch (wie leicht einzusehen) nicht zum Behufe des theoretischen, sondern bloß praktischen Gebrauchs der Vernunft vollkommen rechtfertigt. [39] S. 91/92

Da aber diese objektive Realität des moralischen Gesetzes nicht so einfach gegeben ist, versteht er die praktische Vernunft in der Vorstellung eines Objektes als einer möglichen Wirkung durch Freiheit. Diese alleinigen Objekte einer praktischen Vernunft sind für ihn die vom Guten und Bösen. Mit der Theorie von der praktischen Vernunft sollte der

Glaube eine wissenschaftliche Begründung erfahren und das Gewissen, das von Rousseau als ein göttlicher Instinkt und unerträglicher Richter über Gut und Böse ist, zu einem reinen Verstandesbegriff degradiert werden. Wörtlich sagt Kant dazu: „Ob eine Handlung überhaupt recht oder unrecht sei, darüber urteilt der Verstand, nicht das Gewissen." [40] S. 860 – Für ihn ist das Gewissen schlechthin nur eine „sich selbst richtende Urteilskraft" [ebd.]. Kant hätte die Auffassungen von Rousseau zu Fragen des Gewissens nicht so leichtfertig ignorieren sollen. Für Rousseau ist das Gewissen eine Stimme der Seele, es verhält sich zur Seele wie der Instinkt zum Leib. Nach seiner Auffassung lassen sich die Regeln des Gewissens nicht aus den Prinzipien einer hohen Philosophie ableiten.

Zur gesamten Problematik über das Verhältnis von Glauben und Wissen hat sehr deutlich der kritische Realist August Messner in seinem gleichlautenden Werk Stellung genommen. Überhaupt kommt der kritische Realismus den Ansichten von Rousseau am nächsten, lässt sich jedoch, um der Wissenschaftlichkeit Genüge zu tun, eine Tür über die so genannte induktive Metaphysik offen. Messner betont, dass ihm die naturalistische Weltauffassung als völlig unzureichend erscheint, jedoch er zu den früher religiösen Anschauungen nicht zurückkehren will. Besonders sah er eine erhebliche Schranke in der naturwissenschaftlichen Erkenntnisweise, da sie überhaupt keinen Blick für die Werte besaß. Er sah, dass sowohl die naturwissenschaftliche wie auch die geschichtliche Betrachtungsweise keinen Maßstab für die Werte besaß. Er sah aber auch bereits viel weiter, indem er meinte, dass auch eine Welt der Erfahrung überschreitende metaphysische Erfassung der Wirklichkeit einen Wertmaßstab nicht ergeben kann. Wörtlich sagt er dazu: „Was aber Wertvolles sei, was bei der Wahl als höherer Wert oder kleinerer Unwert den Vorzug verdient; das kann mir für alles, was nicht bloß abgeleiteten Wert als Mittel, sondern in sich selbst Wert oder Unwert hat, nicht die Wissenschaft von der Wirklichkeit sagen, sondern nur mein unmittelbares Erleben, mein Gewissen. Hier leuchtet mir unmittelbar ein, was als objektiv wertvoll sich darstellt; es gibt nicht nur eine Evidenz des Kopfes, sondern auch eine Evidenz des Herzens." [29] S. 90 – Für Kant war die Frage des Gewissens keine Frage des Herzens, sondern des Verstandes und musste sich dem moralischen Gesetz unterordnen. Getragen auf der Woge der objektiven Realität der praktischen Vernunft und des damit verbundenen moralischen Gesetzes als eines kategorischen Imperativs entwickelte Kant seine Theorie vom Gottesstaat und des ewigen Friedens auf dieser Welt.

Nach Rousseaus Auffassung wird es aber niemals einen Gottesstaat auf dieser Erde geben, denn sonst müssten nicht Menschen, sondern Engel auf dieser Erde leben. Rousseau fragte nicht nach den Forderungen eines absoluten göttlichen Sittengesetzes, sondern nach den Notwendigkeiten und Möglichkeiten des menschlichen Lebens. Für ihn sind alle Lasten und die daraus erwachsenden Probleme das Werk der Menschen selbst. Rousseaus Gesellschaftsvertrag beachtet diesen Zustand, wie aus Summation der divergierenden Einzelinteressen so etwas wie ein geordnetes Gemeinschaftsleben entstehen kann. Die innere bestehende Spannung vom Individuum und Gemeinschaft ist niemals durch eine reine Bewusstseinsentwicklung allein, sondern nur in Bindung durch Staat und Recht lösbar. Rousseau war eben ein religiöser Realist und kein religiöser Idealist, wie es Kant war.

Die Theorien Kants beflügelten die Lehren der Philosophen der Gegenaufklärung vom Schlage eines Hegel und Marx. Wie für Hegel so ist auch für Marx die Geschichte die providentiell garantierte Selbstverwirklichung des wahrhaft Guten, jedoch in verschiedenem Sinne, wie es Topitsch [17] betonte. In Hegels Philosophie über den Staat, den er als den „Gang Gottes in der Welt" bezeichnete, legitimierte er den preußischen Staat als eine gesetzmäßige Entwicklung. Mit seinem Satz „Was vernünftig ist, ist wirklich, und was wirklich ist, ist vernünftig" machte er sich zu einem willfährigen Helfer der bestehenden Herrschaftsverhältnisse. Die hegelsche Dialektik wurde zu einer entscheidenden Grundlage für die materialistische Dialektik von Marx. Beide Theorien entsprechen nicht der Realität in dieser Welt und sind reine metaphysische Hirngespinste. Mit vollem Recht wird in dem Buch zur Geschichte der Philosophie das Denken der Philosophen der Gegenaufklärung als eine Art Sperrfeuer gegen den Triumphzug der Aufklärung bezeichnet.

Wie aus der bisherigen Entwicklung der Philosophie ersichtlich ist, verfolgten alle wahrhaft großen Denker die Grundidee einer theistischen Weltansicht. Es gibt in den Weltansichten im Grunde genommen nur zwei Weltbilder, den theistisch-teleologischen, wobei das Primat dem Geist zukommt, und den materialistisch-atheistischen, der die Materie, daher die Verhältnisse von Körpern untereinander zur Erklärung der Welt benutzt. Der Bereich des Geistigen wird dabei entweder als ein abgeleitetes Phänomen oder gar nicht behandelt. Die Grundtypen der Metaphysik in der Metaphysik „von oben" wie „von unten" unterliegen in ihrer Expansionstendenz dem reinen spekulativen Denken und ihre Einsichten unterliegen einem großen Irrtum über die wahre Welt. Ausgehend von dieser Tatsache lehnte Rousseau, als ein wahrer Realist, jede metaphysische Betrachtung in der Weltanschauung ab. Die metaphysische Position des Idealismus, die angeblich durch wissenschaftliche Methoden „hinter" das in der natürlichen Welteinstellung Gegebene kommen will, lehnte er genau so strikt ab, wie die materialistisch-atheistische Philosophie, die Religion, Moral und Politik auf natürliche, physikalische oder ökonomische Gesetzmäßigkeiten zurückführen will.

Rousseau ging schon damals der von Scheler richtigen Feststellung voraus, der in diesem Zusammenhang sagte: „Wer philosophische Weltanschauung anstrebt, muss sich auf eigene Vernunft stellen. Er muss alle hergebrachten Meinungen bezweifeln und darf nichts anerkennen, was ihm nicht persönlich einsichtig und begründbar ist." [11] Für Rousseau war es völlig klar, dass die metaphysische Philosophie nicht in der Lage ist, eine wissenschaftliche Antwort von Gott zu geben. Diese Aufgabe erfüllt die Religion viel besser und kein Philosoph sollte sich schwer tun, sich selbst zu Gott zu bekennen. Die von ihm in der Weltansicht dargelegte Natürliche Religion dient in erster Linie dazu, die Identität von Vernunft und Glaube zu erweisen. Er bezeichnet die natürliche Religion als den einzig wahren Theismus, weil sie in der menschlichen Vernunft verankert ist. Für ihn ist Religion eine gläubig verehrende Anerkennung einer alles Sein bestimmenden göttlichen Macht. Die natürliche Religion ist von einem Vernunftsglauben getragen, der von einer freien bewusstseinsmäßigen Einsicht gegenüber der göttlichen Macht geprägt ist. Die natürliche Religion ist nicht auf demutvolle Entsagung und Duldung des irdischen Elends und der Vertröstung auf Belohnung im ideellen Jenseits gerichtet. Vernunft und Freiheit des Menschen sind Gaben Gottes, die er auf dieser Welt für ein würdiges Leben einzusetzen hat und dem Wohl aller Menschen dienen soll. Die Menschen haben sich keinen Dogmen, sondern nur ihrer Vernunft zu unterwerfen. Die natürliche Religion ist für Rousseau die wahre Erste Philosophie und muss immer im Zusammenhang mit den anderen Teilen gesehen werden. Der Leitspruch von Herder, dass Religion, Vernunft und Tugend die künftige Gesellschaft bestimmen werden, war schon damals für Rousseau eine Grundvoraussetzung. In einer humanistischen Gesellschaft, die dem Gemeinwohl dient und die Interessen aller zu vertreten hat, muss eine strikte Trennung von Staat und Kirche erfolgen. Allen Bestrebungen irgendeiner Religion auf dieser Welt, nach ihren eigenen Ansichten einen so genannten Gottesstaat zu errichten, trat er mit aller Entschiedenheit entgegen. Gerade in der Vielfältigkeit der Natur liegt ihre Schönheit und Harmonie. Dieses göttliche Grundanliegen gilt auch für die menschliche Gesellschaft. Jegliche Intoleranz, ganz gleich welcher religiösen Ansicht, artet immer in einen abscheulichen Fanatismus aus und schadet der Menschheit.

Die Wesenserkenntnisse der „Ersten Philosophie", die für ihn in der natürlichen Religion und daher im Vernunftsglauben, den man auch als philosophischen Glauben bezeichnen kann, liegen, waren aber für ihn nicht identisch mit den Erkenntnissen über das sinnliche Gegebene, die reale irdische Welt. Auch hier gab es für ihn keinen reinen materialistischen oder idealistischen Standpunkt. Sein auf die sinnliche Welt bezogener Standpunkt entsprach voll dem von Herder geprägten Realismus. Der reichste und strengste Realismus war für ihn nur gegeben, wenn die Region der reinsten Ideen, daher die Transzendenz nicht der Realität der sinnlichen Welt entgegensteht. Dieser Grundsatz steht letztendlich für den religiösen Realismus, der in keinem Gegensatz sowohl zur Transzendenz als auch Immanenz stehen darf. Wer die evolutionäre Entwicklung in dieser Welt nicht zur Kenntnis nimmt und die „fertige Welt" an den Anfang stellt, der irrt sich genau so, wie der waschechte Materialist, der jegliche teleologische Entwicklung in Abrede stellt. Aber auch ein so genannter objektiver Realist, wie es N. Hartmann war, der sich sehr kritisch mit dem Materialismus und Idealismus auseinander gesetzt hat, jedoch in seinem Bekenntnis zum Realismus eine teleologische Weltansicht ausschloss, verliert sich in ein bloßes Spiel des Intellekts. Für dieses bloße Spiel des Intellekts vom Schlage eines N. Hartmann hat K. Kanthack die richtige Einschätzung gegeben, indem sie feststellt: „Wenn sich aber der Mensch sich selbst als Macht- und Herrschaftswesen sieht, und zwar so weitgehend, dass, wie bei Hartmann, der Horizont des Göttlichen nicht nur als antinominal angesehen, sondern im Grunde fortgewischt wird, dann kann der Entwurf vom Wertreichen nichts anderes bedeuten als die Vergegenwärtigung der Ziele des eigenen Machtwillens." [41]

In allen bisherigen metaphysischen, philosophischen Abhandlungen wird immer wieder auf die Grenzen der Erkennbarkeit hingewiesen. Es ist, wie in diesem Zusammenhang N. Hartmann zu Recht hinweist, die Grenze, wo die Lösung einer Aporie neue Aporien sichtbar werden lässt. Von dieser Art sind die Unendlichkeit, das Kontinuum, die Substrate, die Individualität, die konkreten Totalitäten; also einerseits das Einfachste und Elementarste, andererseits das Komplexeste (Bereich Mikro- und Makrokosmos). [42] Von der Unzulänglichkeit des menschlichen Geistes ausgehend, betonte Rousseau immer wieder, und dabei insbesondere an die Metaphysiker gerichtet, dass die Natur Gottes nicht zu erfassen ist. Die Natur Gottes entzieht sich unseren Sinnen. In keiner Weise negiert er aber den Drang des Menschen nach Wissen über die Welt und deren Entwicklung. Auch in dieser Hinsicht bleibt er ein echter Realist und sprach dem schöpferischen Denken des Menschen auf allen Gebieten große Bedeutung zu, nur das Maß dieser Wissensbestrebungen sollte in dem Rahmen bleiben und solche Wissensbereiche erfassen, die unseren Sinnen und unserem Verstand zugänglich sind.

Der menschliche Geist wird immer bestrebt sein, neue Erkenntnisse über alle Bereiche zu erlangen und sie auch nach Möglichkeit zu nutzen. Nur sollten wir uns nicht anmaßen, das alles umfassende Wesen, das die Welt bewegt und die ganze Ordnung des Seienden schafft, zu ergründen, denn es ist unsichtbar und ungreifbar und entzieht sich unseren Sinnen. Es ist nur zu verständlich, dass für jeden wissenschaftlich tätigen Menschen der Glaube an eine göttliche Macht große Schwierigkeiten bereitet. Sein Drang nach absolutem Wissen, auch in der Weltanschauung, macht ihn zu einem Skeptiker und verleitet ihn zu reinen Spekulationen, bis hin zum Atheismus. Diese menschliche Arroganz, besonders bei den Wissenschaftlern, hatte aber gerade Rousseau im Auge, als er meinte, dass man Mut haben muss, auch vor der Philosophie, um sich zu Gott zu bekennen. Rousseau war ein Realist, er räumte sehr wohl dem Wissen und damit dem Bereich des Verstandes volle Gültigkeit zur Erforschung der Wirklichkeit ein. Im gleichen Zusammenhang aber erkannte er die Grenzen der Wissenschaft und gab dem Vernunftsglauben an Gott sein ganzes Herz.

Die Grundgedanken des religiösen Realismus haben ihre Ursprünge in den chinesischen Religionen, die auch heute noch ihre große Bedeutung in der Welt besitzen. Ihre Grundideen fanden sich auch in den Betrachtungen eines Thomas von Aquin wieder, der jedoch in der Zeit der Scholastik zu sehr im Lehrgebäude der katholischen Kirche stand. Seine wahre Fassung erhielt der religiöse Realismus in der Zeit der Aufklärung durch Rousseau. Wenn auch in der Zeit der Gegenaufklärung sein Werk verachtet und missdeutet wurde, so ist diese Lehre jedoch unsterblich, weil sie wahr ist und Richtschnur für die kommende Welt sein wird. Im Buch der Geschichte der Philosophie wird Rousseau als ein Philosoph der Revolution dargestellt. Sein Werk ist tatsächlich revolutionär, aber im Sinne der wahren Menschlichkeit und des Fortschritts. Alle bisherigen Revolutionen waren jedoch nicht von seinem Geist getragen und brachten der Menschheit nicht den erforderlichen Fortschritt. Revolutionen sollen und müssen die alten und überholten Verhältnisse in der gesellschaftlichen Entwicklung ändern, aber stets im Sinne des Fortschritts und daher der Menschlichkeit und Gerechtigkeit.

Auch der Weg über Reformen, wenn er die genannten Ziele zum Inhalt hat, ist ein revolutionärer Prozess zur Überwindung einer Stagnation in der gesellschaftlichen Entwicklung. In jüngster Zeit bemühen sich viele Philosophen, die Rolle des Glaubens und der Religiosität in ihre Betrachtungen einzubeziehen. Ganz besonders tritt Jaspers mit seinem Werk „Der philosophische Glaube angesichts der Offenbarung" in dieser Richtung auf. Er greift viele Erkenntnisse von Rousseau, wie die Unerkennbarkeit der Welt im Ganzen, jedoch die volle Akzeptanz für all das, was wissenschaftlich erkennbar ist. Wie Rousseau kritisiert er den Offenbarungsglauben, weil er der Vernunft widerspricht. Insbesondere die Inanspruchnahme der Autorität Gottes durch die Kirche für ihre politischen Ziele und damit ihre weltliche Macht und Selbstbehauptung. Der menschliche Machtanspruch verkleidet in den Anspruch Gottes.

Autorität, Macht und Gewalt sind die tragenden Säulen der Kirche. Wie Rousseau so sieht auch Jaspers das größte Unheil in der Verwandlung und Verfälschung des ursprünglichen Christentums in der politischen Kirche. Trotz dieser in vieler Hinsicht richtigen Erkenntnisse bekennt sich Jaspers nicht zu den Grundsätzen der natürlichen Religion und eines wahren Glaubens an Gott. Für ihn ist das Göttliche etwas Umgreifendes, Transzendentes, welches in seinen Deutungen in Form von Chiffre dem Menschen als Existenz sich offenbart. Er sieht nicht wie Rousseaus Gott als ein aktives Wesen an, das das All bewegt und alle Dinge ordnet, als einer uns überlegenen Vernunft, die sich uns in der erfahrbaren Welt offenbart. Für Rousseau ist Gott das durch sich selbst tätige, fühlende, denkende und wollende Wesen. Er gibt der Natur die Vollkommenheit und seinen Handlungen Sittlichkeit. Seine himmlische Stimme als Ruf für uns Menschen zur Sittlichkeit ist das Gewissen. Gott gab uns Menschen das Wissen und Gewissen, um sie in freier Entscheidung im Einklang und daher zur Vernunft zu bringen.

Wie töricht sind aber die Ansichten Jaspers über Gott, indem er meint, dass der philosophische Glaube an Gott nichts weiß, sondern nur die Sprache der Chiffre hört. Gott selber ist ihm eine Chiffre. In seiner Abhandlung über Gut und Böse erwähnt er in keinem Satz die Rolle des Gewissens als die himmlische Stimme Gottes. Für ihn beginnt das Böse mit der bloßen Schwäche der Nachgiebigkeit des Menschen gegen die Antriebe. Aber gerade ein Höhepunkt des Glaubensbekenntnisses von Rousseau war die Lehre vom Gewissen. Gottähnlich ist der Mensch nur, soweit seine Vernunftserkenntnis sich über alle Sinnlichkeit und Natürlichkeit erhebt. Die Frage nach Gott und daher nach Religion kann nur theistisch gestellt werden. Der wahre Vernunftsglaube, auch als philosophischer Glaube gedeutet, bezieht sich auf das Prinzip der Evidenz als Grundlage aller Erkenntnis und Kriterium der Wahrheit. Jaspers hat besonders in seinen Werken „Der philosophische Glaube angesichts der Offenbarung" und „Über Bedingungen und Möglichkeiten eines neuen Humanismus" viele Ideen der Väter des religiösen Realismus aufgegriffen und weiterentwickelt. Es gelang ihm dabei jedoch nicht, der Aufforderung Rousseau nachzukommen und sich als Philosoph offen zu Gott zu bekennen. Von jedem Menschen wird eine persönliche Glaubensentwicklung gefordert, aber eine Entscheidung, welche nicht außerhalb rationaler Prüfung, geschweige denn gegen die Vernunft zu fällen ist, sondern gerade die ernsthafte rationale Prüfung voraussetzt.

Glauben ist mehr als Meinen, es ist ein im Sinne von Vertrauen geprüfter Begriff, der zwar nicht von Beweisen bestimmt, jedoch von einer unbedingten Gewissheit und Überzeugung geprägt ist. Wie mit dem Glauben, so wird auch mit dem Begriff Religion von vielen Philosophen eine regelrechte Pseudolehre betrieben. Seinen Höhepunkt erreichte eine solche Pseudolehrer bei Mynarek, der in seinen Werken „Religiös ohne Gott" und „Ökologische Religion" einen so genannten Übergang sucht, indem er meint, dass der Verlust des Gottesglaubens nicht zwangsläufig zum Atheismus führt, sondern zu einer neuen Form von Religion, einer Religiosität ohne Gott. Seine gesamte Theorie über die ökologische Religion in der das Göttliche in der unendlichen Seinsmacht der Natur mündet, ist reiner religiös verbrämter Materialismus und Atheismus im Sinne von Feuerbach. Seine Neue Religion sieht er als Vollendung gegenüber allen anderen Religionen. Wörtlich meint er dazu: „Nach der anthropologischen Religionskritik Ludwig Feuerbachs, der sozioökonomischen von Karl Marx und der psychoanalytischen Sigmund Freuds tritt die Menschheit jetzt beinahe zwangsläufig, weil gezwungen durch die gegenwärtige Weltzeit einer industriell-technokratischen Fundamentkrise, in die Phase der ökologischen Kritik der Religionen ein." [43] S. 246

Auch der Deismus ist ideologisch geprägter Materialismus. Gott kann nicht von dieser Erde getrennt sein. Er ist nach Rousseau das Wesen, das das All bewegt und alle Dinge ordnet. Er sieht die Dinge des Menschen auch, aber unter der Besonderheit, dass er ihm die Vernunft und Freiheit gab, damit er aus eigenem Entschluss das wahre Leben erkennen und gestalten soll. Die neue Zeit braucht alle diese Pseudoreligionen, die den Theismus negieren, nicht. Der Atheismus ist und bleibt eng mit dem Materialismus verbunden und über seine Schädlichkeit für die Menschheit hat sich Rousseau sehr ausführlich geäußert. Ausgehend von der Vernunft des Menschen, welches Wissen und Gewissen einschließt, bleibt die natürliche Religion, in der sich die Identität von Vernunft und Glauben erweisen, die einzig auch für einen ökologisch bedachten Menschen zugängliche Religion, die aber auch alle anderen ethischen Hochreligionen toleriert, wenn sie vom Staat getrennt ihre religiöse Glaubensarbeit leisten. Denn Religion ist letztlich immer eine ausschließlich gläubig verehrende Anerkennung einer alles Seins bestimmenden göttlichen Macht, sie muss der Menschheit und ihrem Wohlergehen dienen. Der echte Glaube an Gott fordert nicht nur auf, Anteilnahme an den vielfältigsten Formen des Leids der Menschen zu haben, sondern fordert in erster Linie zum Handeln und Wege zu suchen, um dieses Elend und Leid im Namen Gottes zu verbannen.

Diesem Gebot folgten in der Geschichte, getreu dem Evangelium, viele aufrechte Christen und scheuten sich auch nicht dafür ihr Leben einzusetzen. Die „Bekennende Kirche" als Bewegung innerhalb der evangelischen Kirche gegen den NS-Terror war ein beredtes Zeugnis dafür. Die Kirchen können sich nicht nur für ihre so oft begangenen Fehler entschuldigen, sondern echte Schlussfolgerungen für die Zukunft ziehen. Keine Religion darf sich den ethischen Grundsätzen der Menschheit mehr entziehen. Der religiöse Realismus in seiner grundsätzlichen Aussage zur natürlichen Religion sucht nicht eine Vollendung gegenüber anderen Religionen, sondern fordert den Menschen zum eigenständigen Glaubensbekenntnis, ausgehend von seiner Vernunft heraus.

Mit dem Fortschreiten von Bildung und Wissen lassen sich Religionen, die nur auf Tradition beruhen, nicht mehr aufrechterhalten. Religiöse Realisten sind Menschen, die die Evolution in Gesellschaft und Natur anerkennen und gleichzeitig dank ihrer Vernunft nach Transzendenz und Göttlichkeit streben. Der religiöse Realismus erklärt sich niemals zu einer Ideologie, die vordergründig jemanden ideologisch ausrichten, beeinflussen und indoktrinieren will. Der religiöse Realismus sieht die Göttlichkeit für uns Menschen in erster Linie im Humanismus begründet, deren Grundsätze für jeden Einzelnen wie für die Gemeinschaft volle Gültigkeit besitzen müssen. Jede persönliche Ansicht über Gott und die Welt muss eine freie und auf die eigene Vernunft bezogene Entscheidung sein, sie darf sich jedoch niemals von den Grundsätzen der Humanität entfernen und keine Religion darf den Menschen von den Pflichten der Ethik und Moral entbinden. Denn ohne religiösen Glauben gibt es auch keine wahre Tugend. Der Staat muss von der Religion streng getrennt sein. Die Gewährung der Glaubensfreiheit muss als ein wichtiges Fundament eines jeden modernen Staatswesens angesehen werden, wobei die Religionen trotz ihrer unterschiedlichen Welt- und Gottesansichten stets die Idee der Humanität in sich tragen müssen. Ein solches Fundament des Staates steht in keinem Widerspruch zur wahren Göttlichkeit und letztendlich auch nicht zu den Grundsätzen des religiösen Realismus.

II
Menschlichkeit ist Göttlichkeit

1 Die Grundsätze des Humanismus

Der Humanismus ist die Grundlage der philosophischen Anthropologie. Alle großen Denker, sowohl in den philosophischen wie in den theologischen Richtungen, verkörperten die edelsten humanistischen Ansichten über den Menschen und seine Rolle in dieser Welt. Selbst Feuerbach, der als der größte Materialist der Neuzeit galt, kam in seinen Überlegungen zu dem Schluss, dass die allgemeinen materiellen Prozesse der Natur nicht ohne weiteres auf den Menschen übertragbar sind. Er begriff sehr wohl, dass alle philosophischen Richtungen, einschließlich der Theologie, die weltanschaulichen Aspekte, ob materialistischer oder idealistischer Art, die in ihrer Erkenntnistheorie über die Entwicklung der menschlichen Gesellschaft stellten, Pseudotheorien sind. Er stellte den Menschen in den Mittelpunkt seiner Philosophie und leitete daraus für die menschliche Entwicklung gültige Prinzipien ab.
Diese Ideen entsprachen nicht den Ansichten von K. Marx. Sein historischer Materialismus negierte solche Auffassungen über die Entwicklung der menschlichen Gesellschaft.

Man hat sehr schnell die moralisch-ethischen Prinzipien eines Feuerbach zu idealistischen Gespinsten gestempelt und damit seine Lehren über die gesellschaftliche Entwicklung für undialektisch und unwissenschaftlich erklärt. Feuerbach hatte der marxistischen Philosophie nur eines voraus, er beherrschte besser die Geschichte der Philosophie und die wahren Triebkräfte der gesellschaftlichen Entwicklung. Feuerbach war von der Überzeugung erfüllt, dass die menschliche Vernunft zur Humanität strebt und eines Tages im Weltmaßstab zum Durchbruch gelangt. Er untersuchte und charakterisierte das Wesen des Menschen, wobei er jedoch als eingeschworener Materialist und Atheist das absolute Wesen als Gott des Menschen in seinem eigenen Wesen sah. Feuerbach hätte jedoch mehr, ausgehend von seinen humanistischen Ansichten, die wahren Aussagen über Religion und Humanismus von solchen Philosophen wie Rousseau und Herder zur Kenntnis nehmen müssen. Seine materialistischen Ansichten rührten besonders aus seiner Abneigung gegenüber dem Offenbarungsglauben und führten ihn dabei zu einem abgrundtiefen Atheismus.

Ähnlich wie Feuerbach sah auch Scheler, als der angebliche Begründer der philosophischen Anthropologie, die Menschenwerdung als eine Erhebung zur Weltoffenheit kraft seines Geistes. Der Geist ist für ihn das einzige Sein, dass selbst aber gegenstandsunfähig ist und dieses Sein seinen Vollzug nur im Ordnungsgefüge von Akten durch die Person erlangt. Der Geist ist für ihn ein Attribut des Seienden selbst, das im Menschen manifest wird. Scheler behauptet, dass der Geist zwar eigenes Wesen und Geschichtlichkeit hat, aber keinerlei ursprüngliche Eigenenergie besitzt. Von dieser Grundfeststellung ausgehend, wird von ihm jede theistische Voraussetzung geleugnet. Für ihn ist von vornherein Mensch- und Gottwerdung gegenseitig aufeinander angewiesen.

Beide Philosophen trugen in ihren anthropologischen Ansichten stets humanistisch Züge, wenn sie auch jede theistische Voraussetzung dafür leugneten. Für den religiösen Realismus ist jedoch die zentrale Bedeutung in der Anthropologie und Ethik das Gewissen und die Erfahrung von der Nähe einer göttlichen Kraft, die der Mensch mit seinem Verstand und Gewissen und damit der Vernunft gewinnt, vordergründig. Sie tolerieren jedoch auch alle anderen Glaubensbekenntnisse und achten deren Ansichten, wenn sie nicht die allgemeinen Grundsätze der menschlichen Vernunft, die nur im Humanismus ihre grundsätzliche Wahrheit findet, verletzen. Aus der Vernunft der Menschen entsprang der Humanismus, dessen erklärte Grundsätze die Rahmenbedingungen schaffen, damit eine wahrhaft freie und soziale Gesellschaft entsteht.

Im Kern muss sich jede Philosophie und Religion im Humanismus widerspiegeln. Die menschliche Schöpferkraft wird ihre höchste Vollendung in der Humanität und Religion finden. Herder, als einer unserer größten Humanisten, stellte mit vollem Recht fest, dass der Mensch zur Humanität und Religion gebildet ist [44]. Die Grundsätze des klassischen Humanismus werden einst die Eckpfeiler einer wahren menschlichen Gesellschaft sein. Im Streben nach Menschlichkeit (Humanität) liegt die Höherentwicklung, Vervollkommnung und Freiheit der Menschheit begründet.

Der vernunftsbegabte Mensch strebt immer zu humanistischen Systemen der Gesellschaft und hält sich bei seiner Handlungsweise nur einen Glauben offen, dass sein Tun und Wirken für die Humanität immer auch die Billigung überirdischer Kräfte finden muss, dass Göttlichkeit stets die Menschlichkeit auf Erden einschließen muss. Der wahre humanistische Mensch besitzt das höchste Gut dieser Erde, den Glauben, dass seine edle Haltungs- und Handlungsweise gegenüber seinen Mitmenschen denn auch die göttliche Lobpreisung für seine Seele, für sein Herz zum Inhalt hat.

In den Prinzipien der Humanität liegt der Schlüssel für die Einheit zwischen der Freiheit des Einzelnen und der notwendigen Unterordnung unter die Bedingungen und Erfordernisse eines friedlichen und harmonischen Zusammenlebens der Bürger in einer Gesellschaft. Freiheit des Einzelnen kann niemals losgelöst von den Grundsätzen der Humanität gesehen werden. Freiheit ist die Möglichkeit zur Selbstverwirklichung im Rahmen der Menschenrechte und -pflichten als Grundsätze der Humanität. Alle anderen Phrasen über die Freiheit sind Täuschung und Volksverdummung. Freiheit und Humanität wurde von den größten Denkern von jeher als die wichtigste Grundvoraussetzung für eine glückliche Zukunft der Menschheit gesehen. Besonders in der Zeit der Aufklärung wurden konkrete praktische Grundsätze für die Entwicklung des Humanismus herausgestellt. Dabei leisteten solche großen Denker wie Rousseau, aber insbesondere Herder einen großen Beitrag.

In ihren Grundsätzen zum Humanismus stand vordergründig der Gedanke, dass Humanität und Religion immer eine Einheit bilden müssen. Göttlichkeit des Menschen liegt nicht in erster Linie in einem formalen Bekenntnis zu Gott, sondern in seinem Wirken für eine humane Welt. Mag ein religiöser Mensch noch so fromm erscheinen und jeden Tag zu Gott beten, mit dieser einseitigen Religiosität wird er nicht den Weg zur Göttlichkeit finden, wenn sein persönliches Leben nicht der Vernunft und der wahren Menschlichkeit entspricht. Humanismus ist die Gesamtheit aller Ideen und Bewegungen, die die Höherentwicklung, Vervollkommnung und Freiheit der Menschheit zum Ziel hatten und haben. Die Menschlichkeit entwickelt sich in erster Linie mit der Vernunft des Menschen, die eine Gabe Gottes ist. Dank seiner Intelligenz und der Stimme des Gewissens ist der Mensch befähigt, seine Lebensbedingungen in dieser Welt bewusst zu gestalten. Wird jedoch dieser Gestaltungsprozess egoistischen und daher gegen die Vernunft gerichteten Zielen unterworfen, die letztlich in der Diktatur Einzelner oder bestimmter Herrschaftsgruppen münden, dann gerät diese Entwicklung in Widerspruch zur Humanität und damit auch der Göttlichkeit. Vernunft bezieht sich in erster Linie auf die Überzeugung des Menschen zum Humanismus.

Alle großen Denker der Philosophie als auch die Begründer der Weltreligionen waren von dieser Überzeugung durchdrungen. Die geprägten ethischen Grundsätze eines Buddha, Konfuzius, Sokrates oder Jesus waren von diesen Idealen durchdrungen. Das Christentum trägt in seinem Kern mit dem Evangelium den größten Schatz des Humanismus in sich. Aufrechte Christen waren und sind auch heute bestrebt, diesen Schatz ihrer Lehren rein zu halten und für das menschliche Zusammenleben zur Grundlage zu machen. Auf der heutigen Stufe in der Entwicklung der menschlichen Intelligenz ist jedoch Unvernunft nicht mehr Unkenntnis, sondern böse bewusste Absicht bestimmter Herrschaftsgruppen, der Menschheit zu schaden, darum ist die humanistische Welt heute mehr denn je herausgefordert, dieser Entwicklung entgegenzutreten. Die Welt hat sich bisher recht wenig nach dem Rat der Weisen gerichtet, sondern erst nach ungeheuren Weltkatastrophen sich an den Rat der Weisen erinnert. Der Weise ist tatsächlich bisher ein Rufer in der Wüste gewesen. Trotzdem folgte er stets seinem Gewissen und seiner Verantwortung gegenüber der Gesellschaft. Heute bedarf es keiner hohen Wissenschaftlichkeit mehr, um Menschlichkeit zu lehren. Da aber bisher die Unvernunft in der menschlichen Geschichte stets den Sieg davongetragen hat, werden die humanistischen Ideen von den herrschenden Ideologen als reine Utopien bezeichnet und in Misskredit gebracht. Ihre gegen den Humanismus gerichteten und rein pragmatischen Ansichten sollen den ihnen genehmen, gegenwärtigen Zustand nur zementieren. Der Sinn dieses Lebens liegt jedoch in erster Linie im Bekenntnis zur Humanität, zur Natur als unsere Daseinsstätte und der göttlichen Liebe, die mit ständiger Dankbarkeit zu Gott verbunden sein muss.

Nicht ohne Grund hat Herder in seinem Werk „Briefe zur Beförderung der Humanität" vor der Formulierung des Begriffs der Humanität die 36 Lehrsätze über den Charakter der Menschheit gestellt. Dabei steht bei diesen Lehrsätzen ein besonderer Grundsatz im Vordergrund, dass des Menschen wahrer Verstand immer auch mit Billigkeit und Güte verbunden sein muss. Für ihn sind Verstand und Güte die beiden Pole, um deren Achse sich die Kugel der Humanität bewegt. [44] Am Schluss seiner Lehrsätze kommt er zu der Grundauffassung, dass die Menschheit sowohl physisch wie auch moralisch und politisch im ewigen Fortgang und Streben ist und dass der Staat, wenn er wirklich seine Aufgabe erfüllen will, das Auge der allgemeinen Vernunft, das Ohr und Herz der allgemeinen Billigkeit und Güte sein muss. Die Rolle des Staates und seine gesellschaftliche Verantwortung wird hier besonders hervorgehoben. Individuelle Kriminalität wird es immer geben, bedingt durch reine persönliche Schwächen des Einzelnen (Hass, Eifersucht, Neid, Gier u. a.). Wenn aber der Staat, bedingt durch seine sozialen und andere antihumanistische Gebrechen, entsprechend den Gesellschaftsverhältnissen selbst Kriminalität produziert, dann wird es für die Gesellschaft insgesamt sehr gefährlich. Herder war kein Pessimist, aber er ging sehr kritisch mit dem bisherigen Verlauf der Entwicklung des Menschengeschlechts um, indem er wörtlich sagt: „Das Menschengeschlecht, wie es jetzt ist und wahrscheinlich lange noch so sein wird, hat seinem größten Teil nach keine Würde; man darf es eher bemitleiden als verehren." [44] S. 102 – Aber er betont auch gleichzeitig, dass uns Menschen das Göttliche in unserem Geschlecht die Bildung zur Humanität gegeben ist, was auch alle anderen großen Denker stets wahrgenommen haben.

Goethe war nicht nur einer der größten der Literatur und Dichtkunst, sondern auch ein Prophet höchster Menschlichkeit. Sein Ausspruch „Edel sei der Mensch, hilfreich und gut" setzt die wahren Zeichen der Humanität. Sein Ruf wird eines Tages zur Wirklichkeit werden. Die 9. Sinfonie von Beethoven mit den Texten von Schiller ist die größte Hymne der Menschheit und ein Appell an die Vernunft der Menschheit zur Humanität. Die Texte Schillers ergreifen den Verstand, die Melodien Beethovens das Herz und die Seele des Menschen. Immer mehr erkennt die Menschheit diese Signale der größten und edelsten Menschen.

Besonders wichtig ist in Herders Feststellungen zur Humanität hervorzuheben, dass allein das weiche Mitgefühl nicht die Humanität ausmacht. Der humanistische Mensch muss am Wohl und Weh des Ganzen teilnehmen und alle Einrichtungen der Menschen, alle Wissenschaften und Künste müssen diesem Zweck dienen. Mit vollem Recht betont Herder, dass Wissenschaften und Künste die Unvernunft und Unsittlichkeit stärken, brutalisierende Künste und Wissenschaften genannt werden sollten.

Die Verantwortung der geistigen Eliten auf allen Wissensgebieten für eine humanistische Gesellschaft ist groß, sie müssen auf diesem Weg voranschreiten und keine Opfer scheuen. Man kann den Begriff Humanismus nicht definieren, ohne ihn nicht im Zusammenhang mit der Gerechtigkeit zu sehen. Denn des Menschen wahren Rechte und Pflichten können sich nur aus der Gerechtigkeit herleiten lassen. Im Rahmen der Gerechtigkeit in der menschlichen Gesellschaft steht neben der persönlichen Freiheit und Würde des Menschen die soziale Gerechtigkeit im unmittelbaren Zusammenhang. Das Gemeinwohl ist ohne soziale Gerechtigkeit nicht zu erreichen. Die Barriere zwischen arm und reich ist keine natürliche und muss auf dem Wege zu einer humanistischen Gesellschaft überwunden werden. Jedoch ist soziale Gerechtigkeit nicht mit sozialer Gleichheit zu verwechseln. Die unterschiedlichen Veranlagungen der Menschen, ausgehend von ihren Leistungen und Fähigkeiten, dürfen nicht ignoriert werden. Auch ist das Streben nach Besitz und Eigentum nichts Unnatürliches am Menschen, es darf jedoch nicht zur reinen egoistischen Herrschaftssucht und Unterdrückung seiner Mitmenschen führen.

Mit der Herausbildung des Adelstandes schon im frühen Zeitalter der Menschheit wurde durch die Herrschenden, auch im Zusammenhang mit dem Erbrecht, eine der unnatürlichsten Familienoligarchien geschaffen. Alle bisherigen Gesellschaftsformationen schufen sich ihren eigenen dominierenden und herrschenden Adelstand. Der so genannte hohe Adel aus dem Königsgeschlecht mit seinen Vasallen, dem Landadel, dominierte bis zum Ende des Feudalismus und zum Teil darüber hinaus bis in unsere Zeit. Im Zuge des kapitalistischen Systems entwickelte sich der Finanzadel, der in gewaltigen Familiendynastien das Schicksal dieser Gesellschaftsformation bis auf den heutigen Tag im Wesentlichen bestimmt. Auch im real existierenden Sozialismus entstand ein Adelstand im wahrsten Sinne des Wortes, die Nomenklatura, der so genannte sozialistische Adel. Aus diesen Tatsachen kann man sehr deutlich ersehen, dass auch Revolutionen, wenn sie nicht vom Humanismus getragen werden, immer in ihr Gegenteil verkehren. Reichtum und Herrschaftsbesitz sind nicht vom Adel zu trennen, auch wenn in der heutigen Zeit viele von ihnen keinen offiziellen Titel tragen.

Der so genannte verarmte Adel besitzt außer seinem ererbten Titel keine Bedeutung in der Gesellschaft mehr. Eine humanistische Gesellschaft muss daher immer bestrebt sein, jegliche Form einer Adelsbildung zu unterbinden und das Erbrecht den neuen Bedingungen anzupassen. Wo privilegierte Schichten allein vom Erbrecht her das Sagen in der Gesellschaft haben, kann es keine wahre Demokratie geben. Es ist und bleibt eine Scheindemokratie, daher eine Plutokratie, die die Geschicke der Gesellschaft auch heute noch in den meisten Fällen bestimmt. Der Humanismus ist heute keine Utopie mehr und keine ethische Ansichtssache einzelner Personen und ihrer Handlungsweise. Die Grundsätze des Humanismus sind infolge der schrecklichen Erlebnisse aus dem II. Weltkrieg von klugen Leuten in der Charta der Vereinten Nationen und der damit verbundenen Erklärung der Menschenrechte verankert. Es ist nur zu bedauern, dass die Erklärung der Menschenrechte keinen rechtsverbindlichen Akt für die Mitgliedstaaten erhält und somit nur völkermoralische Bedeutung erlangte. In der Präambel verpflichteten sich jedoch alle Mitgliedstaaten in Zusammenarbeit mit den Vereinten Nationen, die allgemeine Achtung und Verwirklichung der Menschenrecht und Grundfreiheiten durchzusetzen, damit der Mensch nicht zum Aufstand gegen Tyrannei und Unterdrückung als letztes Mittel gezwungen wird. Daher wurde nicht ohne Grund neben den persönlichen Rechten und Freiheiten die soziale Sicherheit des Menschen voll einbezogen. Wenn man heute in Leitartikeln verschiedener Zeitungen und anderen öffentlichen Diskussionen die Erklärung über die Menschenrechte, aber insbesondere über die soziale Sicherheit, für reine Utopien hält und sie für überholt erklärt, dann ist es eine ungeheure Abscheulichkeit gegenüber der Menschheit. Diesen Leuten sollte der Artikel 29 (Grundpflichten) vor Augen geführt werden, in dem es heißt, dass keine Bestimmung oder Erklärung so ausgelegt werden kann, welche auf die Vernichtung der in der Erklärung angeführten Rechte und Freiheiten abzielt. Wenn man die jüngste politische Entwicklung in der Welt verfolgt, so muss man feststellen, dass den Grundsätzen des Humanismus von den Mächtigen dieser Welt keine Beachtung mehr geschenkt wird. Der Regisseur Joel Schumacher sagte in einem Zeitungsartikel mit vollem Recht wörtlich: „Ich halte keine Nation – meine eingeschlossen – für vertrauenswürdig, die behaupten, dass ihr Gott besser sei als der Gott der anderen Nationen. Da kann noch so viel über Humanität schwadroniert werden; letztlich befinden wir uns immer noch auf dem Niveau der Höhlenmenschen, und das ist sehr traurig." [45]

In ähnlicher Verantwortung für eine humanistische Welt äußerte sich Peter Ustinov zu den Äußerungen Rumsfields im Zusammenhang mit dem Terrorismus, wörtlich sagte er: „Wie kann man etwas sagen wie ‚Alle, die nicht für uns sind, sind gegen uns'. Was für ein Quatsch. Die Welt ist nicht schwarz-weiß, sie ist bunt. Man kann auch keinen Krieg gegen den Terrorismus führen. Der Terrorismus ist der Krieg der Armen und der Krieg ist der Terrorismus der Reichen." [46] Es ist eine grundsätzliche Feststellung, dass der Terrorismus nur überwunden werden kann, wenn man seine wahren Ursachen beseitigt. Dazu ist die gesamte zivilisierte Menschheit herausgefordert, nämlich die bestehenden sozialen Probleme, insbesondere in der so genannten dritten Welt, zu überwinden.

Gerade der religiöse Fanatismus findet in diesen Ländern den erforderlichen Nährboden, um seine religiös-fundamentalistischen Absichten in die breiten Schichten der Bevölkerung zu tragen. Das von Küng entworfene Projekt Weltethos, das auch die sozialen Probleme in den Vordergrund stellt, ist ein Weg zum Religionsfrieden, der auch eine unerlässliche Bedingung für den Weltfrieden ist. Es ist nur verwunderlich, mit welcher Hartnäckigkeit hauptsächlich die katholische Kirche sich von dieser humanistischen Bewegung distanziert. Wenn Johannes Paul II. wirklich die Wahrheit nicht fürchtete, wie er es in einem seiner Bücher betonte, dann war der Entzug der kirchlichen Lehrbefugnis für Küng nicht ganz zu verstehen. In einem Artikel geht Jan Ross noch viel weiter, indem er feststellt: „Was er heute lehrt (Küng), kann man schwerlich noch als katholische Theologie bezeichnen. Seine Suche nach einem kleinsten gemeinsamen Nenner der Weltreligionen, nach einem Weltethos für Weltpolitik und Weltwirtschaft ... verwischt die Konturen, das spezifisch Christliche." [47] Das gesamte Projekt Weltethos wird von ihm für rein naiv erklärt. Weil das Böse bisher in der Geschichte der Menschheit immer den Sieg davontrug, versteigern sich solche Verleumder immer zu der Auffassung, dass Menschen, die den Humanismus vertreten, reine Utopisten sind und nicht der Realität Rechnung tragen. Doch das Böse wird nicht immer Bestand haben, denn es ist nicht gesetzmäßig, es ist nur eine Zeit, in der das Gute abwesend ist. Die katholische Kirche ist in ihrer Geschichte schon mehrmals gegen aufrechte Humanisten und wahre Christen aufgetreten. Will jedoch die katholische Kirche nicht mitschuldig werden an der sich anbahnenden fundamentalen Krise der Menschheit, dann muss sie sich zu den Grundsätzen des Humanismus bekennen, so wie es das Evangelium der Christenheit gelehrt hat. Denn nach der alten Weisheit hat sich das Evangelium nicht nur an die Armen gerichtet, sondern auch gegen die Reichen. Die Seligsprechung vieler mutiger und aufrechter Christen durch die katholische Kirche im Nachhinein reicht als Rechtfertigung nicht aus, um die Probleme unserer Zeit zu bewältigen.

Alle großen geistigen Eliten, auch in unserer Zeit, warnen und warnten vor den verhängnisvollen Folgen der Missachtung der Grundsätze des Humanismus für die menschliche Gesellschaft. Es reicht heute nicht mehr aus, den Humanismus als nur eine rein edle Geisteshaltung einzelner Menschen zu sehen. Die Grundsätze des Humanismus, wie sie in den Menschenrechten der UNO deklariert sind, müssen zur gesellschaftlichen Praxis werden. Vor den Folgen des Antihumanismus, besonders in unserer Zeit, ist oft genug gewarnt worden. Einer der größten Denker des 20. Jahrhunderts, Albert Einstein, sah immer eine humanistische Gesellschaft nur im Zusammenhang mit der sozialen Gerechtigkeit und sozialen Verpflichtung im Einklang mit der freien Entwicklung der einzelnen Persönlichkeit. Seine Warnungen gegen den Nationalsozialismus, aber auch Stalinismus wurden nicht erhört, die Folgen daraus waren verheerend. Auch nach dem II. Weltkrieg trat er ständig für eine humanistische Gesellschaft ein und forderte sowohl die geistigen Eliten wie auch die Religionen, alles zu unternehmen, damit eine friedliche und menschengerechte Weltordnung geschaffen wird. In einem Schreiben an Sigmund Freud bedauerte Einstein sehr, dass gegenwärtig die geistige Elite keinen direkten Einfluss auf die Geschichte der Völker ausübt. Er sah für die Zukunft eine solche geistige Gemeinschaft für unerlässlich, die auch systematisch versuchen müsste, die religiösen Organisationen für den Kampf gegen den Krieg und für soziale Gerechtigkeit zu mobilisieren.

Sowohl Rousseau, aber insbesondere Herder wiesen immer darauf hin, dass ein rein auf materielle Werte bezogener Humanismus keinen Bestand hat. Humanismus und Religion gehören zusammen und keine Religion wird in Zukunft Bestand haben, die sich nicht auf die Grundsätze des Humanismus stützt. In diesem Zusammenhang stellt Jaspers völlig zu Recht fest, indem er sagt: „Der Geist ist in die materielle Notwendigkeit des Daseins gebunden, um real zu sein, und der Geist muss von der auf Gott bezogenen Existenz des Menschen getragen sein, um eigentlich wirklich zu werden. Der Humanismus ist nur das Medium, aber nicht die Vollendung des Menschseins. Wird er zum Endziel, so entfaltet sich eine abgesonderte Pflege von Vergangenem in einem sowohl irreal wie existenzlos werdenden Dasein." [48] S. 43

Diese Aussage war besonders auf den „realen Humanismus" von Marx gerichtet. Dazu sagt er weiter: „Zudem ist dieser reale Humanismus eine Fiktion, die aus anfänglicher Schwärmerei schließlich zur Täuschung durch politische Propaganda wird. Ein neuer Humanismus aus einer leeren Idee des Menschen als solchen ohne Geschichtlichkeit ist unmöglich. Wohl aber ist ein kommender Humanismus denkbar, der die chinesischen und indischen Grundlagen des Humanismus abendländisch aneignet und zu einem gemeinschaftlichen menschlichen Humanismus aller Erdbewohner in der Mannigfaltigkeit seiner geschichtlichen Erscheinungen wird, die besser sie selbst sind, weil sie umeinander wissen." [48] S. 43

Daher kann der Fortschritt in Richtung Humanität nur im folgendem zentralen humanen Anliegen, wie es Küng formulierte, liegen:

- *die Wahrung der Menschenrechte,*
- *die Emanzipation der Frau,*
- *die Verwirklichung der sozialen Gerechtigkeit,*
- *die Immoralität des Krieges.*

Im gleichen Zusammenhang betonte er mit vollem Recht, dass diese Anliegen heute keine reinen Utopien sind, sondern die völlig neue weltgeschichtliche Konstellation die Verwirklichung dieser Ziele im Interesse der Menschheit erforderlich macht. Heute brauchen wir keine grundsätzlich neuen Theorien zur Frage der Humanität. Die Durchsetzung der Grundsätze des Humanismus steht auf der Tagesordnung, wenn die Menschheit im Atomzeitalter nicht untergehen will.

2 Die Entwicklung der menschlichen Gesellschaft und ihre Geschichtsauffassung

Es wäre vermessen, heute noch etwas über die Entwicklung der menschlichen Gesellschaft zu schreiben, wenn man nur ihren rein historischen Ablauf untersuchen wollte. Auf diesem Gebiet haben die Historiker über einen langen Zeitraum hinweg tiefgründige Analysen und Bewertungen mit sehr peinlicher Sorgfalt und wissenschaftlicher Gründlichkeit, die auf die einzelnen Etappen der menschlichen Entwicklung bezogen sind, dargestellt. Die rein formale Wiedergabe dieser historischen Zeitabläufe der menschlichen Geschichte geben jedoch über die inneren Zusammenhänge dieser Entwicklung keinen hinreichenden Aufschluss, auch wenn sie noch so detailliert dargestellt sind, wenn sie nicht die ursächlichen Triebkräfte dieser Entwicklung aufzeigen und die Abläufe in ihrem historischen Zusammenhang betrachten. Nicht Steine, Denkmäler und Gräber prägen die Geschichte, sondern der herrschende Geist. In der Geschichtsauffassung steht nach wie vor die Grundfrage dabei so: Sind die Ursachen aller gesellschaftlichen Veränderungen und politischen Umwälzungen in der Entwicklung der menschlichen Vernunft, der zunehmenden Einsicht in die Wahrheit und Gerechtigkeit oder aber, wie von der marxistischen Philosophie behauptet wird, in der rein objektiven Veränderung der Produktions- und Austauschweise zu sehen?

Mit der Grundthese der marxistischen Philosophie, dass das Sein das Bewusstsein bestimmt, wird der schöpferische Mensch in das mythische Getriebe der angeblich objektiv vom unendlichen Bewusstsein unabhängigen Entwicklung der Produktions- und Austauschweise gestellt. Auf diese Gefahren hat insbesondere Rousseau schon immer hingewiesen und den Materialismus stets angeprangert. Der menschliche Geist und seine Vernunft, als eine Gabe Gottes, stehen in keinem Verhältnis mit den unmittelbaren materiellen Abläufen der Natur und können auch nicht, wie es jüngst geschieht, mit einer ökologischen Religion, die die Natur zum Gott erklärt, in Bezug gebracht werden. Die Marxisten entwickelten dabei eine eigenartige Theorie, indem sie die menschliche Entwicklung von der Urgemeinschaft bis zur modernen Zivilisation nicht als einen Prozess der Entwicklung der geistigen Fähigkeiten des Menschen, wenn er auch von Ausbeutung und Herrschaftssucht Einzelner begleitet war, sondern rein ökonomischer Gesetze, die unabhängig vom Menschen diese Entwicklung bestimmen. Die wahre Entwicklung der Menschheit unterliegt jedoch nicht irgendwelchen ökonomischen Gesetzen und wäre man den aufgestellten ethischen Grundsätzen der Aufklärer gefolgt, so wäre die menschliche Entwicklung in der Zukunft auf ganz anderen Bahnen verlaufen. Nach wie vor verläuft der Kampf für eine bessere Welt zwischen den Fronten von Geist und Macht, wobei viele Verwerfungen in den philosophischen Richtungen den Herrschenden helfen, ihre Macht zu festigen. Jede Grausamkeit und Zerstörung in der Menschheitsgeschichte hat ihre Wurzeln in Ermangelung am göttlichen Geist des Menschen. Er sollte seinen Standpunkt in Zukunft besser in dieser Welt bestimmen. Nur die Beispiele der jüngsten Zeit zeigen, dass ohne die Theorie vom Liberalismus, Nihilismus und Marxismus das brutale Monopolkapital, der Faschismus und der so genannte reale Sozialismus ein solches ideologisches Fundament niemals erhalten hätten, um ihre Herrschaftsstrukturen aufzubauen. Die klerikal-idealistische Ideologie entzieht der Menschheit das Paradies auf dieser Erde und verlagert es in das Jenseits. Der Materialismus im Nichtglauben an das Jenseits verlegt das Paradies auf die Erde im Rahmen einer kommunistischen Gesellschaft. Der Angriff auf dieses Ziel im Rahmen des real existierenden Sozialismus zeigt verheerende Folgen für die Menschen. Heute kann man als bewusster Mensch sagen, dass die Glückseligkeit des Menschen nicht in einem Paradies auf dieser Welt, sondern nach Aristoteles in einer staatsbürgerlichen Gemeinschaft, die auf dem Mittleren beruht, liegt. Wörtlich sagt er: „Deswegen ist es das größte Glück, wenn die Bürger über ein mittleres und ein hinreichendes Vermögen verfügen, denn wo die einen sehr viel besitzen, die anderen aber gar nichts, da kommt es entweder zur äußersten Demokratie oder zur reinen Oligarchie oder wegen der beiden Übertreibungen zur Tyrannei." [49] S. 226 – Zum Glück gehört aber nicht nur das Haben, sondern nach Aristoteles ist entscheidend für das echte Glück des Menschen die Verwirklichung sittlicher Vollkommenheit, während das Gegenteil zum Unglück führt.

Ausgehend von diesen klassischen Feststellungen eines Aristoteles beschäftigte sich auch Erich Fromm in seinem Werk „Haben oder Sein" [50] sehr eingehend. Das wahre Paradies dieser Erde ist nicht Überfluss, Übermut und Sucht, sondern Arbeit, Bescheidenheit, Geselligkeit, Fröhlichkeit und Glückseligkeit im Alltag. Grundvoraussetzung für die nach Aristoteles begründete staatsbürgerliche Gemeinschaft bildet die Herstellung der sozialen Gerechtigkeit, die nach meiner Ansicht einzig und allein in der Überwindung der beiden Extreme von arm und reich liegt. Die Ansicht, dass Armut und Reichtum auf dieser Welt gottgegeben ist, ist überholt. Sozial gesicherter Lebensunterhalt für die breite Schicht der Bevölkerung und eine gediegene Wohlhabenheit je nach Leistung und Privatvermögen für die Übrigen werden die zukünftigen Grundpfosten einer Gesellschaft sein. Armut führt immer zu sozialen Verwerfungen und Rebellion, Reichtum zur Macht- und Herrschaftssucht. Mit dem gegenwärtig so arg strapazierten Begriff von der Demokratie sollte man sehr behutsam umgehen, denn gegen wen soll das Volk herrschen. Eine wahrhaft menschliche Gesellschaft kann sich eher nur unter dem Begriff einer Logoskratie darstellen lassen, in der die Vernunft gegen die Unvernunft herrscht. Es wird nicht umsonst festgestellt, dass mit der Herausbildung des fertigen Menschen, des Homo sapiens, die Menschheit nicht in das Paradies, sondern in die Sklaverei sich begab. Denn Intelligenz gepaart mit rücksichtslosem Egoismus und Herrschaftssucht schafft nicht Vernunft, sondern die so genannte Schlauheit und Skrupellosigkeit, die immer bestrebt ist, den ehrlichen und gütigen Menschen zu hintergehen und ihn zu unterwerfen.

Schlauheit gepaart mit Stärke strebt immer zur Macht, und Macht ist das Lebenselixier der Grausamkeit und gegen die Vernunft des Menschen gerichtet. Wahre Vernunft ist nicht nur geistig-intellektuelles Erkenntnisvermögen, sondern stets mit den altruistischen und Gemeinschaftsinstinkt auf das engste verbunden. Es ist das Los dieser

Menschheit, dass sie auf dem Weg zu ihrem Glück das tiefe Meer der egoistischen und menschenverachtenden Grausamkeit durchwaten muss. Leonhard sieht eine besondere Quelle der Grausamkeit im Machtinstinkt, der im Menschen innewohnt, begründet. Dazu sagt er: „Grausamkeit ist das Schrecklichste, was die Menschheit aufzuweisen hat. Es ist ein Segen, dass es Mitleid gibt, aber dieses reicht oft nicht aus, um der Grausamkeit wirksam entgegen zu treten." [20] Hinzugefügt muss werden, dass die Vernunft Einzelner oder von Gruppen nicht ausreicht, um dieser Grausamkeit, die alles Böse wie Ausbeutung, Unterdrückung und physischer Vernichtung des Menschen einschließt, zu begegnen. Nur in einem langwierigen Prozess, mit der Herausbildung und Entwicklung einer gesellschaftlichen Vernunft kann der noch immer währenden Grausamkeit in dieser Welt entgegen getreten werden. Wahre Vernunft ist in erster Linie göttliche Vernunft, die Religion und Humanismus in sich vereinigt. Möge diese Feststellung noch so phrasenhaft klingen, letztlich ist es aber doch die alleinige Wahrheit, die aus der tiefsten Seele des Menschen entspringt. Als der Mensch die letzten Fesseln des Tierreichs ablegte, trug er sich mit der Entwicklung seines Intellekts neue auf, die ihn bis zum heutigen Tage begleiten und für das weltweite Unheil verantwortlich sind. Die Entwicklung der materiellen Produktion verlief bisher zu losgelöst von der wahren Vernunft des Menschen, der Mensch zahlte für diese einseitige Entwicklung viel Lehrgeld. Die Marxisten behaupten, dass ihre materialistische Geschichtsauffassung die gewaltigste Errungenschaft des wissenschaftlichen Denkens ist. Dem großen Materialisten Feuerbach wird deshalb vorgeworfen, dass er das wichtigste, die materielle Produktion und die damit verbundene revolutionäre umgestaltende Tätigkeit, die die Welt verändert, in seinen Betrachtungen nicht einbezog. Nach ihrer Auffassung blieb er in der Geschichtsauffassung idealistisch. Die Marxisten sehen ihre größte theoretische Leistung darin, dass sie den Materialismus auf die Geschichtsauffassung ausgedehnt haben und damit den Idealismus aus der letzten Zufluchtsstätte, aus der Geschichte vertrieben haben. Deshalb müssen sie, in Anlehnung an Hegels Dialektik, jede aufeinander folgende Gesellschaftsformation, von der Urgemeinschaft an, als einen Fortschritt für die Menschheit bezeichnen. Die gewaltigen Kämpfe der Unterdrückten gegen ihre Herrschenden werden zwar dargestellt und gewürdigt, aber dennoch von vornherein als aussichtslos charakterisiert, da sie objektiv, auf Grund des Standes der Produktivkräfte, nicht zum Siege geführt werden konnten. Die reaktionären Seiten und Epochen der menschlichen Entwicklung werden als notwendige und dem Fortschritt dienende Handlungen in der Geschichte gewürdigt. Aus diesem materialistischen Geschichtstaumel heraus kamen sie auch zu der grandiosen Entdeckung, dass mit dem Aufkommen des Kapitalismus das Proletariat die einzig fortschrittliche Klasse ist, die die Menschheit in das kommunistische Paradies à la Marx führen wird. Die heutigen Anbeter des Marxismus sehen das Scheitern des real existierenden Sozialismus in den Ostblockländern einzig und allein im Personenkult Stalins und seines Herrschaftssystems begründet. Sie verkennen dabei eines, dass dieser Personenkult ein Produkt ihrer marxistischen Theorie ist. Die entscheidende Schlacht der Menschheit für Gerechtigkeit gegen Unterdrückung und Ausbeutung wird erst dann geschlagen sein, wenn nicht erst irgendwelche ökonomischen Voraussetzungen gegeben sind, sondern wenn die Erkenntnis und Besinnung der Mehrheit der Menschheit auf sich selbst, auf den Sinn des wahren Lebens in ihrer Einheit von Geist und Macht sich durchgesetzt hat.

Mit vollem Recht hat Herder festgestellt, dass Humanität der Zweck der Menschennatur ist und Gott hat unserem Geschlecht mit diesem Zweck sein eigenes Schicksal in die Hände gegeben. [10] Nach Herder ist der Mensch zur Humanität und Religion gebildet, und jede Religion, die sich von der Humanität abwendet und fanatische Ziele verfolgt, leistet einen Afterdienst und ist der Göttlichkeit unwürdig. In diesem Zusammenhang meint Kant wörtlich: „... alles, was, außer dem guten Lebenswandel, der Mensch noch tun zu können vermeint, um Gott wohlgefällig zu werden, ist bloßer Religionswahn und Afterdienst Gottes." [40] S. 842 Es gibt keine historische Entwicklung der Menschheit, die gesetzmäßig oder gottgewollt ist. Das Schicksal der Menschheit liegt in ihren eigenen

Händen. Gott gab uns die Vernunft und die Freiheit, um sie zu gebrauchen. Wir dürfen uns nicht wundern und als ein gottgewolltes Schicksal ansehen, wenn wir durch unsere eigene Unvernunft Unglück und Elend erleben.

Jüngst hatten wir einen sehr paradoxen Zustand in der gesellschaftlichen Entwicklung erlebt, indem sich zwei Mächtegruppen in einem so genannten Kalten Krieg bekämpften. In diesem Kampf hat das kapitalistische System einen Pseudosieg davongetragen, aber die ureigensten Fragen nach einer humanistischen Gesellschaftsordnung sind weiterhin offen. Es formieren sich die Kräfte der Vernunft in immer stärkerem Maße weltweit und kämpfen für eine gerechte und humanistische Welt. Die Zukunft wird in erster Linie mit der Jugend gestaltet. Wer sie gewinnt, der gewinnt auch die Zukunft. Die Jugend darf keinen Demagogen ausgeliefert werden, dafür tragen alle vernunftsbegabten Menschen eine große Verantwortung.

Aus der Geschichte lernend, muss man jedoch feststellen, dass auch eine zukünftige humanistische Gesellschaft nur so lange Bestand hat, solange sie die Normen des Zusammenlebens zu wahren weiß und den Hang bestimmter Menschen nach Selbstsucht und Herrschaft zügelt. Nach dem gegenwärtigen Stand der Entwicklung steht die Menschheit am Scheideweg, welchen Weg sie in Zukunft gehen wird. Noch reagiert die Masse auf diese Herausforderung sehr schwerfällig und lässt sich sehr oft durch die Herrschenden und ihr System manipulieren. Der Glaube des erstarkten Kapitalismus mit dem Sieg über den Sozialismus, dass es keine Alternative zu seinem gegenwärtigen System mehr gibt, ist ein großer Irrtum. Das ausgeklügelte Machtsystem des Kapitalismus unter dem Deckmantel der Demokratie und Freiheit unternimmt alles, um sein Herrschaftssystem zu festigen und auf lange Dauer in seinem jetzigen Zustand zu erhalten.

Bisher hat die Menschheit erst nach weltweiten Katastrophen des I. und II. Weltkrieges die richtigen Schlussfolgerungen gezogen, die sich in den Dokumenten des Völkerbundes und der UNO niederschlagen. Leider hat man diese gezogenen Schlussfolgerungen nur sehr zögernd oder überhaupt nicht in die gesellschaftliche Praxis umgesetzt oder sie völlig ignoriert.

Die Väter der Aufklärung haben die Grundsätze für eine zukünftige menschliche Gesellschaft richtig gedeutet und vor den Folgen des Missbrauchs der Vernunft in der zukünftigen Entwicklung gewarnt. Die Philosophen der Gegenaufklärung folgten dieser weisen Philosophie nicht. Im Buch zur Geschichte der Philosophie [9] wird eine sehr klare Ansage gemacht, wörtlich heißt es dazu: „Indem sie die sehr dunklen und ungewissen Aspekte des menschlichen Lebens betonten, produzierten die Philosophen der Gegenaufklärung eine Art Sperrfeuer gegen den Triumphzug der Aufklärung. Repräsentativ dafür stehen Namen wie Hegel, Nietzsche und Sartre." Aber auch solche Philosophen wie Marx, Schopenhauer und Heidegger zähle ich dazu. Die Folgen dieser Lehren haben große negative Auswirkungen für die Menschheit gebracht.

Die heutigen Vertreter des so genannten Pragmatismus sind in erster Linie die Anbeter des Neoliberalismus und verteidigen dieses System vordergründig mit den Schlagwörtern von Demokratie und Freiheit. Unter dem System des Neoliberalismus sind diese hohen Begriffe aus der Zeit der Aufklärung zu reinen inhaltslosen Schlagwörtern gemacht worden. Sehr richtig wird von vernunftsbegabten Menschen festgestellt, dass Freiheit auch immer Verantwortung voraussetzt. Dazu bezieht der Mediziner Karl Pfeifer in diesem Zusammenhang die richtige Position, indem er sagt: „Im Rahmen der derzeitigen Weltordnung kann man den vielschichtigen Begriff ‚Freiheit' als Metapher in wenigen Worten treffend definieren: ‚Der freie Fuchs unter freien Hühnern'." [52]

Wahre Demokratie, die ich eher als Logoskratie bezeichnen möchte, setzt in der Ausübung der Macht eine hohe Verantwortung für das Gemeinwohl voraus und dient in erster Linie der allgemeinen Wohlfahrt der Gesellschaft. Wenn das geltende Recht keinen Bestand in der Wahrung der allgemeinen Gerechtigkeit hat, so muss sich ein vernunftsbegabter Mensch dagegen auflehnen. Alle bisher begangenen Gräueltaten und Ungerechtigkeiten auf der Grundlage des geltenden Rechts waren verbrecherisch. Ein solcher formaler Rechtsstaat ist ein Unrechtsstaat und gegen das wahre Recht gerichtet.

Die alte Losung Freiheit, Gleichheit, Brüderlichkeit entspricht nicht in diesem gesetzten Zusammenhang den wahren humanistischen Zielen einer modernen Gesellschaft. Die Freiheit des Menschen zu seiner Selbstverwirklichung schließt eine absolute Gleichheit unter den Menschen aus. Diese Gleichheit kann nur für jedermann vor dem geltenden Recht bestehen. Doch die Freiheit des Einzelnen setzt Verantwortung für das Gesamte voraus und darf nicht im Widerspruch zur Gerechtigkeit und Humanität stehen. Bei der Gerechtigkeit muss jedoch immer die soziale Gerechtigkeit in den Vordergrund gestellt werden.

Der heutige Kampf zwischen Kapital und Arbeit ist ein ungleicher Kampf. Nicht das Kapital schafft neues Kapital, sondern die Arbeit. Die Werktätigen werden aber immer weniger Nutznießer dieser Früchte. Die Verlagerung von manueller Arbeit zur geistigen Arbeit schafft neue Bedingungen im Kampf für eine gerechte Welt. In diesem Kampf werden in erster Linie hohe Anforderungen an die vernunftsbegabte Intelligenz gestellt, sie muss sich ihrer Verantwortung voll bewusst werden. Das war auch eine der wichtigsten Forderungen Einsteins an die zivilisierte Welt.

3 Die wahren Triebkräfte der menschlichen Entwicklung

Keine Philosophie in der Tausende von Jahren währenden Geschichte der Menschheit hat die Triebkräfte der menschlichen Entwicklung so vulgär interpretiert, wie es die marxistische Ideologie getan hat. Sie beginnt ihre banale so „objektiv materielle" Darlegung damit, indem sie erklärt, dass der Mensch, ehe er zu philosophieren, Kultur und Politik zu machen anfängt, erst sich ernähren, kleiden und entsprechende Wohnverhältnisse schaffen muss. Aus diesem simplen, rein biologisch bedingten Existenzdasein des Menschen wird die ursprüngliche und sogar zivilisierte Entwicklung der Menschheit abgeleitet und zu einer gesetzmäßigen Grundlage erklärt. Es ist nur bezeichnend, dass auch viele andere Philosophen und Gesellschaftswissenschaftler bestimmte Entwicklungen in der Gesellschaft versuchen auf irgendwelche außerhalb der menschlichen Vernunft stehende gesetzmäßige Umstände zurückzuführen. Im 19. Jahrhundert, als die Philosophie nicht gerade ihren Höhenflug hatte, begegnete man sich gerne in den einzelnen Lagern der idealistischen wie auch der materialistischen Philosophie mit solchen extrem gehaltenen Leitsprüchen.

Nach der verheerenden Zeit des Feudalismus, in deren Epoche die Philosophie in völlige Abhängigkeit durch die Theologie geriet und dadurch sehr wenig zum geistigen Fortschritt beitrug, keimten im Zuge der Aufklärung neue Ansätze für Theorien auf dem Gebiet der gesellschaftlichen Entwicklung. Zwei grundsätzlich neue Denkmodelle entstanden, einmal im Lager des Idealismus in Gestalt des Liberalismus und später im Materialismus der dialektische und historische Materialismus. Der Liberalismus sah die wahren Triebkräfte der späteren Gesellschaft in der freien Entfaltung der wirtschaftlichen Kräfte vorrangig auf der Grundlage des Privatbesitzes an Produktionsmitteln über den Markt und das Kapital. Ihre oberste Idee der Freiheit gründete sich auf diesen genannten Leitsätzen. Das Produkt dieser Leitsätze war die Herausbildung des kapitalistischen Systems unter Führung des Finanzkapitals, in deren

Herrschaftsbereich breite Schichten der Bevölkerung sich einer brutalen Ausbeutung unterziehen mussten.

In dieser Lage gebar der Materialismus seine Theorie, indem er darlegte, dass die Triebkräfte der gesellschaftlichen Entwicklung die den Menschen umgebenden gesetzmäßigen und unabhängig vom Menschen wirkenden Produktionsweisen der Gesellschaft sind. Der Mensch muss nur diese Gesetzmäßigkeiten erkennen, den richtigen Zeitpunkt abwarten, der jedoch schon im Kapitalismus als gegeben angesehen wurde, um dann im revolutionären Prozess die neuen sozialistischen Produktionsverhältnisse zu errichten. Als Materialisten vom Kopf bis zur Sohle wollten und konnten die Marxisten nicht den subjektiven Faktor des Menschen und seiner Rolle in der gesellschaftlichen Entwicklung außergewöhnliche Bedeutung beimessen. Der Mensch musste sich in das Ensemble der ökonomischen Verhältnisse, die sich außerhalb und unabhängig von ihm, rein objektiv, entwickelten, sich einordnen.

Dass jedoch erst beim Menschen bestimmte geistige Voraussetzungen sich bilden, die ihn und sein Leben, seine Stellung auf dieser Welt bewusst werden lassen, war dem Marxismus nebensächlich.

Es ist eine unumstößliche Tatsache, dass besonders in den Anfängen der Zivilisation die schöpferischsten und fähigsten Köpfe in den Naturwissenschaften und der Technik zugleich auch die größten Philosophen waren. Wahrhaft kreative Menschen waren in den meisten Fällen zugleich vernunftsbegabte, vom Humanismus getragene Persönlichkeiten. Mit der weiteren Arbeitsteilung, auch im Bereich der Wissenschaften, bildeten sich immer mehr spezielle Arbeitsrichtungen heraus. Diese besonders kreativen schöpferischen Menschen gaben vom Anfang an der zivilisierten Menschheit die entscheidenden Impulse zur Entwicklung der Produktivkraft der Menschen. Nur sie allein legten den Samen für die weitere Entfaltung der menschlichen Zivilisation und damit der gesamtgesellschaftlichen Vernunft. Der Sklavenhandel in Amerika wurde nicht auf Grund der sich dort herausgebildeten kapitalistischen Produktionsverhältnisse abgeschafft, sondern mit dem Aufbegehren der progressiven Kräfte gegen die abscheulichste Form der Unterwerfung des

Menschen unter die Gewalt der Herrschenden. Ähnliche Formen der Unterwerfung gibt es auch noch heute in bestimmten Gebieten der Erde und erst kürzlich ging die Rassenherrschaft in Südafrika zu Ende. Die größten Denker dieser Erde schufen sich keine Reichtümer noch andere Privilegien, sie dienten stets ihrer Idee, oftmals sogar unter Einsatz ihres Lebens. Aber ihre Ideen, ihre Erfindungen u. a. wissenschaftliche Leistungen waren stets die Impulse für den Fortschritt und die Humanisierung des menschlichen Lebens.

Ein Wissenschaftler, oder überhaupt ein wahrhaft schöpferisch tätiger Mensch, wird sich niemals, wenn er kreativ sein will, der vorrangigen Befriedigung zahlreicher persönlicher materieller Wünsche, die sich mittels seiner Tätigkeit ableiten lassen, unterwerfen. Unterliegt er den so genannten im Englischen charakterisierten „drei F's": family, food, fame (Familie, Auskommen, Anerkennung), gibt er zugleich auch seine kreativen Eigenschaften auf, wird zum Spielball der jeweils Herrschenden und handelt wider seine Vernunft. Es ist der größte Segen für die Menschheit, dass kreativ schöpferische Persönlichkeiten von hohen humanistischen Idealen getragene Menschen sind.

Über die wahren Triebkräfte der menschlichen Gesellschaft hat sich keiner so deutlich geäußert, wie es Einstein getan hat. In seiner Einschätzung von Gemeinschaft und Persönlichkeit sagt er: „Was ein Mensch für seine Gesellschaft wert ist, hängt in erster Linie davon ab, inwieweit sein Fühlen, Denken und Handeln auf die Förderung des Daseins anderer Menschen gerichtet ist." Weiter sagt er dazu: „Es läßt sich leicht erkennen, dass alle die materiellen, geistigen und moralischen Güter, die wir von der Gesellschaft empfangen, im Lauf der unzähligen Generationen von schöpferischen Einzelpersönlichkeiten herstammen. Einer hat einmal den Gebrauch des Feuers, einer den Anbau von Nährpflanzen, einer die Dampfmaschine erfunden. Nur das einzelne Individuum kann denken und dadurch für die Gesellschaft neue Werte schaffen, ja selbst neue moralische Normen aufstellen, nach welchen sich das Leben der Gemeinschaft vollzieht. Ohne schöpferische selbstständig denkende und urteilende Persönlichkeiten ist eine Höherentwicklung der Gesellschaft ebenso wenig denkbar wie die Entwicklung der einzelnen Persönlichkeit ohne den Nährboden der Gemeinschaft." [14] S. 11/12

Mit der Entfaltung der schöpferischen Kreativität einzelner Persönlichkeiten, als unabdingbare Voraussetzung für die weitere Entwicklung der Produktivkräfte, wächst auch die gesellschaftliche Vernunft, die eines Tages auch im gesamtgesellschaftlichen Rahmen ihre Bedeutung erlangen wird. Das Gute ist eingebettet in der Vernunft, die Vernunft wiederum in der Kreativität der Entfaltung der schöpferischen Kräfte. Bisher trachtete die gesellschaftliche Vernunft nie nach Gewalt, verlor jedoch stets in der Auseinandersetzung mit der Unvernunft, die sich immer der Macht bediente. Die Befeiung der Menschheit von den noch immer ständig anhaltenden Geiseln der Menschheit wie Krieg, Unterdrückung, Ausbeutung und Armut steht nach wie vor auf der Tagesordnung, wenn auch viele Philosophen und Politiker diese Geiseln als ein ewiges Los der Menschheit ansehen.

Die Entwicklung der Produktivkräfte vollzog sich immer im Kampf mit den herrschenden Schichten, nicht aus dem Grunde, weil damit bessere Produktionsbedingungen geschaffen wurden, sondern weil die Träger dieser progressiven Entwicklung auch stets für den Fortschritt der gesellschaftlichen Entwicklung eintraten. Ideen werden nicht allein in Widerspiegelung der bestehenden Verhältnisse geboren, sondern in erster Linie durch Analyse der bestehenden Verhältnisse und der schöpferischen Vorausschau auf die Zukunft. Ein wichtiger Grundsatz gilt jedoch dabei, dass das Moderne immer eine Beziehung zum Ursprung haben muss. Es gibt heute Staaten, die einen allgemein hohen materiellen Lebensstandard aufweisen und dennoch keinen positiven Verlauf in der gesellschaftlichen Entwicklung nehmen. Vernunftsloser Wohlstand kann sogar noch größere Probleme in der weiteren Entwicklung solcher Gesellschaften hervorrufen. Die Geiseln solcher Wohlstandsgesellschaften sind im Allgemeinen bekannt.

Das Auseinanderklaffen von materiellem Wohlstand und gesellschaftlicher Vernunft führt letztlich zum Rückstand, ja sogar zum Zusammenbruch solcher Systeme. Somit wird sehr deutlich, welches die wahren Triebkräfte der menschlichen Entwicklung sind. Es sind die schöpferischen Potenzen der Gesellschaft, die vernunftsfördernd auf die gesellschaftliche Entwicklung einwirken. Jede Kulturpflanze bedarf der Pflege, sonst erstickt sie. Unkraut wuchert von allein. Ein ähnliches Analog besteht auch zum gesellschaftlichen Leben. Die einseitige, rein ökonomische Betrachtung über die Entwicklung eines gesellschaftlichen Systems führte in den sozialistischen Ländern zum totalen Zusammenbruch. Bei der politischen Unterdrückung der breiten Masse wurden die kreativen Kräfte, besonders in der Intelligenz, am härtesten verfolgt. In einem solchen System kommt es unweigerlich zu einem Rückstand in der gesellschaftlichen Vernunftsentwicklung und damit auch schließlich zum Stillstand der Produktivkräfte überhaupt.

Nach dem bisherigen Erkenntnisstand versteht man unter gesellschaftlicher Vernunft das geistig-intellektuelle Erkenntnisvermögen der überwiegenden Mehrheit der Menschen über die Entwicklung der menschlichen Gesellschaft und Natur; die bewusste Herausbildung und Wahrung der im Menschen innewohnenden altruistischen und Gemeinschaftsgefühle zu einem Bekenntnis für eine humanistische Lebensauffassung und -gestaltung. Es ist ein Erkenntnisprozess vom Sinn des Lebens des Menschen, der sich ständig vervollkommnet. Die Herausbildung und Vervollkommnung der gesellschaftlichen Vernunft unterliegt dem Gesamtensemble von Einflüssen im bisherigen Prozess der Menschengeschichte, die Höhen und Tiefen unterworfen ist, aber niemals zum Stillstand gebracht werden kann, sie ist der wahre Träger des menschlichen Fortschritts. In der heutigen Zeit ist die gesellschaftliche Vernunft besonders gefordert, da die gegenwärtig herrschenden und bestimmenden Kräfte auf dieser Welt drauf und dran sind, ob bewusst oder unbewusst, die Zivilisation in die Luft zu jagen.

Die vom historischen Materialismus definierten Triebkräfte der menschlichen Entwicklung wurden schon von Hegel ad absurdum geführt, indem er meinte, dass der Mensch nicht ein Tier sei, um alles, was Vernunft für sich sagt, gleichgültig zu sein und diese bloß zum Werkzeuge der Befriedigung seines Bedürfnisses als Sinneswesen zu gebrauchen. Denn im Werte über die bloße Tierheit erhebt ihn das gar nicht, dass er Vernunft hat, wenn sie ihm nur zum Behuf desjenigen dienen soll, was bei Tieren der Instinkt verrichtet. [53] Sittliche und moralische Grundsätze sind die wesentlichen Träger der gesellschaftlichen Vernunft, sie geben den Menschen das erforderliche Urteilsvermögen, um das Gute vom Bösen zu unterscheiden, und stehen daher nicht im unmittelbaren Zusammenhang mit den ökonomischen Entwicklungen, die sich bisher in den verschiedenen Produktionsweisen vollzogen haben.

In Anlehnung an die Dialektik Hegels, der die Geschichte als einen Prozess des objektiven Geistes ansah und das moralische Gesetz zur Triebkraft der gesellschaftlichen Entwicklung erklärte, sah Marx jedoch seine Gesetzlichkeit in der gesellschaftlichen Entwicklung zentral dagegen, indem er seine materialistische Auffassung in den Vordergrund stellt, dass nicht das Bewusstsein bestimmt das Leben, sondern das Leben bestimmt das Bewusstsein. Diese marxistische „Anthropologie der Produktion" sollte alle bisherige Philosophie in das Abseits stellen. Klaus Hornung stellte dazu mit vollem Recht fest, indem er sagt: „Die Kritik an Marx setzt dort ein, wo ein materialistischer Dogmatismus die Bedürfnisse einengt auf die nur materiellen Bedürfnisse und entsprechend dann die Produktion der Lebensmittel als Teilwahrheit für die Wesensbestimmung des Menschen unversehens zur ganzen Wahrheit verabsolutiert und die materialistische Geschichtsauffassung zum unfehlbaren Maßstab für alle gesellschaftlichen Erscheinungen erklärt." [12] Viele grundsätzliche Aussagen sind von Hornung zu dieser Pseudowissenschaft von Marx gemacht worden und die praktischen Folgen dieser Ideologie sind uns allen bekannt. Allen neuen Anbetern des Marxismus schreibt Hornung ins Stammbuch: „Der Versuch seiner Überwindung durch einen angeblich allein richtigen und wahren humanistischen Marxismus wird immer mehr zu einem Traum naiver und blinder Idealisten." [12]

Aber auch die von Hegel vollendete Auffassung der Geschichte als Prozess des objektiven Geistes, worin das moralische Gesetz den Menschen die Pflicht auferlegt, sittlich zu handeln, ist nicht zu begründen.

Denn wer dem Menschen diese Pflicht auferlegt, ist aus Erklärungen, die sich aus irdischen Abläufen konstituieren, nicht zu beweisen. Mit der Herausstellung des moralischen Gesetzes verlor sich Hegel wie auch schon Leibniz und Pope in die irrige Auffassung, dass alles, was ist, gut sei und daher dem Fortschritt der Menschheit diene. Das inhaltlich gefasste moralische Gesetz durch Hegel ist aber kein Gesetz, sondern lediglich ein Gebot der Vernunft an die Menschheit. Die Erhebung bestimmter gesellschaftlicher Entwicklungen und Erscheinungen durch viele Philosophen zum Gesetz, wozu auch besonders Marx zählte, ist eine reine Überschätzung ihrer subjektiven Ansichten über diese Prozesse, um denen gesetzmäßigen und daher objektiven Charakter zu verleihen. Das moralische Gebot, welches nur im Urteil des Vernunft zum Willen des Menschen erhoben wird, ist die entscheidende Triebkraft der menschlichen Gesellschaft zur Erlangung eine wahrhaft freien Gesellschaftsordnung, die der Sehnsucht der überwiegenden Mehrheit der Bevölkerung entspricht und daher göttlich ist.

Die bisherigen Produktionsweisen entsprechen dem reinen Stand der Entwicklung der materiellen Produktion. Es ist eine Tatsache, dass die bisherigen Produktionsweisen sich immer nach dem Stand der Produktivkräfte entwickelt haben. Die Industrialisierung und Konzentration der Produktion ist Hauptmerkmal sowohl der kapitalistischen wie sozialistischen Produktionsweise. Von der gesellschaftlichen Vernunft wurde weder das sozialistische System noch wird das gegenwärtige kapitalistische System geleitet. Das vergangene sozialistische System hat eindeutig unter Beweis gestellt, dass allein mit der Abschaffung des Privateigentums an Produktionsmitteln kaum eine Übereinkunft zwischen den in jeder Gesellschaft vorhandenen Kräften, die nach persönlicher Macht und Herrschaft trachten, und den vernunftsorientierten Menschen hergestellt werden kann. Wenn die gesellschaftliche Vernunft zum Schweigen gebracht wird, dann erlahmen auch in deren Folge die unmittelbaren Triebkräfte der materiellen Produktion. Die Geschichte hat auch bewiesen, dass im Gegenteil, wenn die Vielfalt von Eigentum an Produktionsmitteln durch die Konzentration von Monopolen im Kapitalismus oder auch die generelle Überführung von Privateigentum in staatliches Eigentum im Sozialismus aufgehoben wird, diese ökonomische Situation eine gute Basis für die jeweils herrschende Schicht bietet, Ausbeutung und Unterdrückung im großen Stil zu praktizieren. In jeder modernen Gesellschaftsordnung wirken zwei Machtzentren, auf der einen Seite die politische und andererseits die ökonomische. Wenn sich das politische Machtzentrum dem ökonomischen beugt, dann ist es um die gesellschaftliche Entwicklung schlecht bestellt. Noch schlimmer, wenn beide Zentren in einer Hand liegen, wie es vorwiegend im sozialistischen Lager der Fall war. Daher muss die politische Macht immer vom Volk ausgehen und auf die Interessen des gesamten Volkes ausgerichtet sein, das bedeutet aber in erster Linie, dass die politische Macht von den Grundsätzen der gesellschaftlichen Vernunft bestimmt sein muss. Auch der Marxismus kommt nicht umhin zu erklären, dass die unmittelbaren Triebkräfte des Handelns der Menschen in ihren Überzeugungen, Absichten, Willensbestrebungen und Motiven bestehen, die tiefere Ursachen dafür jedoch in den materiellen Bedingungen und Verhältnissen des gesellschaftlichen Lebens zu finden sind, weil die Zusammenhänge zwischen den Produktivkräften und Produktionsverhältnissen außerhalb und unabhängig vom Bewusstsein der Klassen und Persönlichkeiten wirken. Der Marxismus geht noch viel weiter auf dieser Tonleiter und behauptet, dass die Menschen überhaupt nur Geschichte haben, weil sie ihr Leben produzieren müssen, und zwar auf einer bestimmten Weise. Marx betrachtet die gesellschaftliche Bewegung als einen naturgeschichtlichen Prozess, den Gesetze lenken, die nicht nur von dem Willen Bewusstsein und Absichten bestimmen. Diese „Ameisentheorie" vom Menschen, die den Träger der Geschichte als reinen Spielball im Rahmen der so genannten objektiven Gesetze sieht, ist Ausdruck eines rein subjektiven Denkens und bar jeglicher Realität.

Dieser Theorie setzt Engels noch einen drauf, indem der im „Anti-Dühring" sagt: „Historischer Materialismus entrüstet sich deshalb nicht im sittlichen Zorn über die Brutalitäten der Ausbeutergesellschaft, sondern begreift die Geschichte objektiv aus Notwendigkeit und Unvermeidlichkeit der verschiedenen Stufen des Menschheitsfortschritts – ohne antike Sklaverei kein moderner Sozialismus." [54] S. 199 – Stalin muss sich für seine Diktaturherrschaft diese Ausführungen besonders gut gemerkt haben. Fürwahr, dieser Theorie, auf den real existierenden Sozialismus bezogen, braucht weiter nichts hinzugefügt werden.

Aus der klassenlosen Urgemeinschaft entstand nach ihrer Theorie rein objektiv die Klassengesellschaft auf revolutionärem Wege im Klassenkampf. Marx nimmt zur Urgemeinschaft folgendermaßen Stellung: „Die Menschen waren sozial vollständig von den innerhalb der Gens bestehenden Beziehungen geprägt. Aber schon in der urgemeinschaftlichen Ackerbaugemeinde existierte ein für die Entwicklung der Menschen wesentlicher Widerspruch, denn einerseits festigten das Gemeineigentum und alle sich daraus ergebenden sozialen Beziehungen ihre Grundlagen, während gleichzeitig das private Haus, die parzellenweise Bewirtschaftung des Ackerlandes und die private Aneignung der Früchte eine Entwicklung der Persönlichkeit gestalten, die mit Bedingungen der Urgemeinschaft unvereinbar war." [55] S. 388

Da also für den überwiegenden Teil der Bevölkerung der Urgemeinschaft eine Weiterentwicklung der Persönlichkeit unter den Bedingungen der Urgemeinschaft nicht mehr gegeben war, brauchte sie den revolutionären Weg zum Aufbau einer Klassengesellschaft. Eine solche Erklärung für den Übergang zur Klassengesellschaft musste man finden, wenn man die so genannten objektiven Gesetze von der Entwicklung der Produktivkräfte und Produktionsverhältnisse begründen wollte. War denn die Urgemeinschaft eine wirklich freie Gemeinschaft? Keineswegs; auch auf der niedrigsten Stufe der Produktivität bildeten sich bestimmte Machtverhältnisse heraus, die innerhalb der Stämme und Gens, ausgehend von den unterschiedlichen körperlichen und geistigen Veranlagungen der einzelnen Menschen auch bestimmte Eigentumsverhältnisse nach sich zogen. Wie in der Urgemeinschaft so auch in der sozialistischen Gemeinschaft des 20. Jahrhunderts kann auch bei Nichtvorhandensein von persönlichem Privatbesitz an Produktionsmitteln ein Machtapparat sich entwickeln, der beispiellos ist.

In Rousseaus „Diskurs über die Ungleichheit" wird am Anfang eine Ungleichheit vorausgesetzt, die hauptsächlich aus der geistigen Ungleichheit der Menschen resultiert, und hier aus einer Ungleichheit, die von ihm in letzter Instanz als ein natürlicher bestimmt wird. Sein Werk, das von vielen Philosophen oft missverstanden. Seine Rückbesinnung auf den Naturzustand des Menschen und seine natürliche Vollkommenheit in dieser waren keine Absicht, ein verlorenes Ideal wiederzugewinnen, sondern sollte die Entwicklung vom solitären zum sozialen Menschen und deren Folgen aufzeigen. In seinen Bekenntnissen schreibt Rousseau dazu: „Den ganzen übrigen Tag tief im Walde weilend, suchte und fand ich dort das Bild der ersten Zeilen, deren Geschichte ich stolz umriss; ich deckte die kleinen Lügen der Menschen auf; ich wagte, ihre Natur nackt und bloß zu enthüllen, dem Fortschritt der Zeit und der Dinge zu folgen, die sie verunstaltet haben, und indem ich den Menschen des Menschen mit dem natürlichen Menschen verglich, ihnen in seiner vergeblichen Vervollkommnung die wahrhafte Quelle seines Elends und seiner Not zu zeigen. Meine durch diese erhobenen Kontemplationen beflügelte Seele erhob sich neben die Gottheit, und da ich von dort meine Mitmenschen in der verblendeten Bahn ihrer Vorurteile dem Weg ihrer Irrtümer, ihres Unglücks, ihrer Verbrechen folgen sah, rief ich ihnen mit meiner schwachen Stimmen, die sie nicht vernehmen konnten, zu: Wahnsinnige, die ihr ohne Unterlaß über die Natur klagt, lernt, dass all eure Übel auch von euch selbst kommen." [37] S. 491 – Im gleichen Zusammenhang verurteilte Rousseau die Auffassung von Leibniz und Pope, dass alles, was ist, gut sei, sondern dass es in der Macht der menschlichen Vernunft liegt, über den Gesellschaftszustand zu bestimmen.

Dem Menschen ist dank seiner Vernunft die Aufgabe gestellt, seinen Weg zu einer wahren humanistischen Gesellschaft selbst zu finden. Wegbereiter auf diesem dornigen Pfad sind jene Persönlichkeiten der Geschichte, die in Erkenntnis des moralischen Gebots ihre Pflicht erfüllen. Deshalb sind diejenigen wahrhafte Wegbereiter in der Entwicklung der Menschheit, die alles dafür einsetzten und einsetzen, um den breiten

Schichten den Zugang zur Bildung und damit Wissen zu ermöglichen sowie Grundsätze für eine humanistische Welt zu weisen. Denn nichts dient den Herrschenden mehr als eine korrumpierte geistige Elite und eine Herde, die stumpf im Denken und Fühlen bleibt.

Mit vollem Recht erklärt die Theologin Dorothee Sölle, dass der Konsumismus einer der größten Menschheitsfeinde ist. Im gleichen Zusammenhang sagt sie auch wörtlich: „Der Mensch ist ja nicht nur verantwortlich vor seinem Gewissen, er ist es auch für sein Gewissen. Das heißt: Ideen wie die Gerechtigkeit sind nicht selbstverständlich, sie gehören nicht zu unserer Natur, wir müssen Gerechtigkeit lernen. Dazu bedarf es eines Normenhorizonts." [56]

Im gleichen Zusammenhang mit dem geschürten Pessimismus sagt sie: „Ich mag diesen anthropologischen Pessimismus nicht. Mit drohender Apokalypse wächst so eine Art Häme über den Menschen: Wir kultivieren die Überzeugung von der eigenen Widerlichkeit. Barmherzigkeit dagegen wird so lange psychoanalysiert, bis irgendein Pferdefuß sichtbar wird. Ich finde das Mißtrauen in uns beschämend. Wir sind nämlich sehr wohl in der Lage, Dämonen auszutreiben, Hungrige zu speisen, Frieden zu stiften." [56]

Die gesellschaftliche Vernunft muss einen solchen Reifegrad erreichen und zur Geltung gelangen, welcher es uns ermöglicht, der gesamten menschlichen Zivilisation im Rahmen humanistischer allgemein gültiger Lebensnormen ein freies, sozial gerechtes und von wahrer Menschlichkeit getragenes Leben zu führen. Die wahren Triebkräfte dafür waren und sind Persönlichkeiten, die die Entwicklung der gesellschaftlichen Vernunft voranschreiten und sie zu einer entscheidenden gesellschaftlichen Kraft bestimmen.

4   Der Mensch und seine Rolle als Persönlichkeit und Masse

Seit frühester Zeit, so sich der Mensch in Gemeinschaften zusammen-
fand, um seine notwendigsten Lebensbedürfnisse befriedigen zu können
und damit die zivilisierte Entwicklung der Menschheit überhaupt möglich zu machen, gab es die Herausstellung von Persönlichkeiten und
Masse, gab es Führer und Geführte, gab es Unterdrücker und Unterdrückte, Ausbeuter und Ausgebeutete. In der Terminologie sowohl der
bürgerlichen als auch der marxistischen Geschichtslehre werden Persönlichkeiten als Führer und Leiter, als Menschen dargestellt, die wichtige
Funktionen und hervorragende Leistungen auf allen Ebenen (wie Ge-
lehrte, Schriftsteller, Künstler, Politiker usw.) der Gesellschaft ausüben.
Besonders die marxistische Philosophie erkennt jeden geschichtlichen
Ablauf als eine gesetzmäßige Entwicklung an und die in diesem Zeitraum wirkenden Persönlichkeiten, ihr Auftreten überhaupt hängt untrennbar mit diesen historischen Gesetzmäßigkeiten zusammen. Die
Marxisten behaupten, dass es geniale begabte Menschen in der Gesellschaft immer gibt. Aber nur, wenn sich ein gesellschaftliches Bedürfnis
nach solchen Menschen einstellt, treten sie mit ihren besonderen Fähigkeiten, Geistesgaben und Charaktereigenschaften hervor. Wörtlich sagen
sie dazu: „Wer nun gerade dieser Mensch sein wird, wer unter den gegebenen historischen Bedingungen als Führer auftreten wird, bleibt natürlich dem Zufall überlassen. Die Tatsache selbst aber, dass Menschen auftreten, deren Eigenschaften den Bedürfnissen der Epoche entsprechen,
trägt gesetzmäßigen Charakter." [57]
Gerade in einer solchen entscheidenden Frage über die Stellung des
Menschen als Persönlichkeit und Masse, die für eine Betrachtung über
die menschliche Entwicklung mit tiefster Gründlichkeit beantwortet
werden muss, gleitet die marxistische Theorie sehr oberflächlich darüber
hinweg und kommt daher zu keiner objektiven Aussage auch hinsichtlich der Entwicklung der gesellschaftlichen Prozesse überhaupt. Dazu
muss eindeutig gesagt werden, dass die Triebkraft der menschlichen
Entwicklung und der sich daraus herausbildenden wahren Persönlich-

keiten einzig und allein aus dem Fortschreiten der gesellschaftlichen Vernunft sich ergibt. Träger dieser gesellschaftlichen Vernunft waren stets Menschen auf allen Gebieten des Lebens, die dank ihres geistig-intellektuellen Erkenntnisvermögens und ihrer charakterlichen Eigenschaften der Höherentwicklung der Menschheit zum wahren Leben, zur Humanität voranschritten. Es waren immer Menschen, die unabhängig von der jeweiligen Gesellschaftsordnung den edlen Zielen der Menschheit dienen wollten und gedient haben. Es waren Menschen, die von Anfang der Menschheitsgeschichte an das Rad dieser Entwicklung vorantrieben.

Um jedoch die Rolle eines Menschen in seinem Wirken richtig zu deuten, muss man eine wahre Persönlichkeit näher bestimmen.

Reine Führer, autoritäre Personen und Diktatoren und ihre Diener sind keine Persönlichkeiten. Menschen, ganz gleich welche Fähigkeiten und Geistesgaben sie besitzen, die wider die menschliche Vernunft handeln, sind keine Persönlichkeiten, sondern Personen, die lediglich durch ihre Tätigkeit und Stellung besonders in ihrer Zeit herausragen. Eine Persönlichkeit beinhaltet die Gesamtheit aller Wesenszüge eines Menschen, die nicht nur durch besonders herausragende persönliche Leistungen und seinen Rang sich begründen, sondern auch durch sein charakterliches Verhalten, seine aufrechte und edle Gesinnung, sein Wirken für den Fortschritt und eine humane Welt.

Deshalb ist es für die Wahrheitsfindung falsch, wenn in der Geschichtsdarstellung solche Tyrannen und Verbrecher aus der Menschheit wie vom Schlage eines Nero oder Hitler u. a. neben z. B. solchen Persönlichkeiten wie Sokrates, Galilei oder Einstein und Schweitzer im geschichtlich zeitlichen Ablauf dargestellt werden. Nero oder Hitler neben vielen anderen grausamen Herrschern dürfen in der Geschichte niemals als Persönlichkeiten herausgestellt werden. Gerade die Machtbefugnisse solcher Herrscher richteten sich in erster Linie gegen aufrechte Menschen, ihre Würde, und damit ihre Persönlichkeit wurde geschändet und erniedrigt und es wurde alles unternommen, um sie zur Masse zu machen. In solchen Perioden der Herrschaft dieser „Persönlichkeiten" erlag

149

auch die Kultur, Wissenschaft und Kunst und wurde dem Verfall ausgesetzt.

Wahre Persönlichkeiten, ganz gleich auf welchem Gebiet, trachteten stets danach, den Menschen schlechthin aus seiner erniedrigenden Rolle als Masse herauszulösen. Ihr Bemühen war stets darauf gerichtet, dem einfachen Menschen sein Persönlichkeitsrecht zu erwirken und seine Würde als Mensch zu achten. Die übergebührliche Verehrung und Verherrlichung einer Person führt stets zum Personenkult und in deren Folge zur Erniedrigung breiter Schichten der Bevölkerung, zur so genannten Masse. Wahre Persönlichkeiten sind bescheidene Menschen und treten immer gegen Eitelkeit, Selbstsucht, Heuchelei und Unterdrückung sowie Ausbeutung auf.

Wahre Persönlichkeiten zeichnet nicht nur ihre Intelligenz, sondern insbesondere ihre Begabung aus, ausgehend vom moralischen Gebot, auch unter Einsatz ihres Lebens zum Wohle der Allgemeinheit und für die Würde eines jeden Menschen zu kämpfen. Was die Menschheit in Zukunft braucht, ist nicht nur das Verständnis von Persönlichkeit und Masse, sondern die Erstrebung von einer Masse an Persönlichkeiten, von selbstbewussten und vernunftsbegabten Menschen. Persönlichkeit und Masse alten Stils wird es so lange geben, solange große Teile der Bevölkerungsschichten unterdrückt, manipuliert und missbraucht werden.

Die Großen der Aufklärung erkannten mit vollem Recht diesen Zusammenhang und behaupteten, dass die Quelle des Fortschritts in der Vervollkommnung der menschlichen Vernunft und der Vermehrung des Wissens sei. Wahre Persönlichkeiten können nur solche Menschen sein, die der Entwicklung der gesellschaftlichen Vernunft aufopferungsvoll und selbstlos dienen. Eine wenig gebildete und manipulierte Menschenmasse ist sehr leicht für die Ziele der jeweils Herrschenden zu missbrauchen und sie sind bereit, durch ihre Abgestumpftheit die größten Entbehrungen zu ertragen. Wahre Persönlichkeiten handeln nach dem Bestimmungsgrund ihres Willens, welcher im Urteil der Vernunft begründet ist. Menschen können sich daher nur dann zu hervorragenden Persönlichkeiten erheben und vor der Geschichte Bestand erlangen, wenn sie dem Humanismus und damit der Höherentwicklung und Vervollkommnung der Gesellschaft dienen. Die Geschichte wird jedoch nicht von einzelnen Persönlichkeiten gemacht. Sie sind nur Wegbereiter der Menschheit auf dem Wege zu einer humanistischen und gerechten Gesellschaftsordnung.

Alle bisherigen Siege großer „Persönlichkeiten" und Massen waren stets kein Sieg für das Volk, sondern letztlich immer gegen das Volk und die Vernunft gerichtet. Selbst infolge der Oktoberrevolution in Russland und des sich dabei herausgebildeten Personenkults um Stalin und seine Vasallen verhalfen dieser Bürokratie, sich selbst als neue Ausbeuterklasse zu konstituieren, und brachten dem Volk keinen gesellschaftlichen Fortschritt. Gerade der weit verbreitete Personenkult in den ehemaligen Ländern des Ostblocks entsprang den antihumanen Grundsätzen der marxistischen Philosophie über die Rolle der Persönlichkeit und der Massen und führte letztendlich zur gesellschaftlichen Stagnation. Herausgearbeitete, mit Machtinstrumenten gesicherte Herrschaftsstrukturen können auch den größten Dummkopf zu einer „Persönlichkeit" werden lassen, wenn die gesellschaftliche Vernunft zum Schweigen gebracht und das Volk zur breiten Masse degradiert ist. Persönlichkeit bedeutet nicht, über den anderen Menschen zu stehen, sondern dem anderen Menschen mit seiner Fähigkeit und Wissen hilfreich zu sein. Höheres Wissen und Begabung, welches von inneren egoistischen Trieben zur Macht und Herrschaft über den anderen eingesetzt wird, ist gegen die menschliche Vernunft gerichtet und einer wahren Persönlichkeit fremd. Ethische Grundsätze kann man nur von vernunftsbegabten Menschen erwarten, im Interesse der Stabilität einer humanistischen Gesellschaft muss man sie von den anderen fordern. Nicht die so genannten Lebenskünstler sind die Gestalter und Wahrer des Lebens, sondern die Aufrechten und Edlen. Auch für eine humanistische Gesellschaft ist eine Normensgebung Grundvoraussetzung.

Die irdische Welt wird keine Engel beherbergen, sie bringt jedoch Menschen hervor, die sich als Teil der Natur verstehen und in der Lage sind, als Persönlichkeiten ihr Leben im Interesse der Allgemeinheit

151

menschlich zu gestalten. Das Schicksal der Menschheit entscheidet sich nicht nur allein im Ringen um das tägliche Brot und die unmittelbare Befriedigung seiner materiellen Bedürfnisse, sondern in der Vervollkommnung seiner Persönlichkeit, im Sieg der Vernunft über die inneren Triebe des Menschen und seine Grausamkeit. Die Erreichung einer solchen Zielstellung des Menschen ist keine Utopie, sondern eine echte Vision für eine zukünftige Gesellschaft und muss daher Realität werden. Die Überwindung des Massedaseins, das Streben nach wahrer Persönlichkeit eines jeden Einzelnen, die Achtung für das moralische Gebot, aus dem sich auch heilige Pflichten für jeden ergeben, müssen die Zukunft der Menschheit bestimmen.

Herausragende Persönlichkeiten wird es immer geben, jedoch wird die zukünftige breite Masse einen hohen eigenen Persönlichkeitscharakter tragen und nicht mehr stumpfe und träge Masse sein.

5 Der Mensch und seine natürliche Umwelt

Wenn man über den Menschen und seine natürliche Umwelt spricht, dann steht nicht nur im Vordergrund dieser Fragestellung die Bedeutung der Umwelt für die Daseinsweise und Existenz des Menschen schlechthin, sondern vielmehr die Einstellung, das Bewusstwerden des Menschen zur natürlichen Umwelt als Lebewesen, dem die schöpferische Fähigkeit gegeben ist, mit Hilfe der Entwicklung seiner Intelligenz und der praktischen Tätigkeit diese Umwelt in ihrem ökologischen Gleichgewicht zu erhalten, um sie im Interesse auch aller zukünftigen Generationen in seiner Vielfalt und Schönheit zu bewahren. Der Mensch ist seit seiner Werdung auf das engste mit der natürlichen Umwelt verbunden. Nicht nur allein daraus, dass die natürliche Umwelt ihm seinen Lebensraum, seine Existenz gibt, sie hat ihm auch aus seiner inneren Seele heraus das Gefühl für all das Empfinden des Guten, Erhabenen und Edlen gegeben. Es ist eine feststehende Tatsache, dass Menschen, die mit der natürlichen Umwelt eng verbunden sind, auch stets von hohen ethischen und moralischen Werten begleitet werden.

Mit dem Herauslösen des Menschen aus dem Tierreich, der Entwicklung seiner schöpferischen Potenzen und damit der Möglichkeit, in seine natürliche Umwelt einzugreifen und auch zu verändern, ist ihm zugleich auch damit eine große Verantwortung übertragen worden. Da aber jede Verantwortung auch immer von der Vernunft des Menschen getragen sein muss, müssen auch die richtigen Maßstäbe und Grenzen zur Erhaltung der Umwelt durch den Menschen entsprechend den jeweiligen Erfordernissen gesetzt werden. Auf diesen Maßstäben und Grenzen für die Erhaltung der Umwelt sind auch die Maßstäbe und Grenzen für die Entwicklung des allgemeinen materiellen Lebensstandards der Menschen auf einer bestimmten Stufe der Entwicklung der Produktivkräfte gesetzt.

Höherer Lebensstandard an materiellen Gütern setzt aber immer weitere Maßstäbe und Grenzen für die Erhaltung des natürlichen Lebensraumes der Menschen voraus, wenn nicht das allgemeine Lebensniveau sinken oder sogar die gesamte Existenz der Menschheit gefährdet werden soll. Dort, wo den Menschen, auch bei einem relativ hohen Lebensstandard an materiellen Gütern, die notwendigen natürlichen Bedingungen der Umwelt eingeschränkt oder sogar entzogen werden, tritt eine insgesamt desolate Situation in den Lebensbedingungen und der Lebensqualität insgesamt ein, die zum Schluss für das weitere Leben der Menschen in diesen Territorien böse Folgen nach sich ziehen kann.

Die Einschränkung der natürlichen erforderlichen Bedingungen für bestimmte Menschengruppen und Territorien trat nicht erst im Zeitalter der Industrialisierung ein. Schon bereits in den Anfängen der Sklaverei wurde in bestimmten Territorien durch die Herrschenden ein beispielloser Raubbau an der Natur begangen. Allerdings trat die Zerstörung der Umwelt im besonders starken Umfange erst mit der Industrialisierung ein. Mit der weiteren Entwicklung der Produktivkräfte versuchte der Mensch immer mehr, die natürlichen Umweltbedingungen in seinem Interesse zu verändern und auszubeuten. Wenn die Menschheit weiterhin rücksichtslos tiefe Wunden in die natürliche Umwelt schlägt, dann ist der Tag nicht mehr fern, wo die Umwelt grausam auf die Menschheit zurückschlagen wird. Die vernunftsbegabten Wissenschaftler haben auf eine solche ökologische Katastrophe mehrmals eindringlich hingewiesen.

Die heutigen hochentwickelten Industriestaaten dieser Erde, mit einem, wenn auch sehr differenzierten, relativ hohen materiellen Lebensstandard, schlagen sich immer mehr mit den Problemen der Umwelt umher und beherrschen sie immer weniger. Die Forderung nach einer ökologischen und sozialen Marktwirtschaft kann heute im Interesse der Menschheit nicht mehr länger negiert werden. Darüber hinaus führt die enorm gestiegene Profitproduktion zur Ausbeutung der Rohstoffe, insbesondere in den weniger industriell entwickelten oder überhaupt nicht entwickelten Ländern. Das Wettrüsten und der ökonomisch geführte Wettbewerb im Zeitalter des Kalten Krieges führten auf beiden Seiten, bar jeder menschlichen Vernunft, zu erheblichen Zerstörungen der natürlichen Umwelt. Macht und Vernunft schlossen sich schon immer gegenseitig aus, die Zerstörung der Umwelt ist eine Folge daraus.

Ausgehend von den Theorien über die nichtausreichende Ertragsfähigkeit dieser Erde zur Befriedigung der notwendigen Bedürfnisse aller Menschen, und ganz besonders unter dem Gesichtspunkt ihrer potenziellen Vermehrung, werden immer wieder Weltuntergangstheorien entwickelt, die die Menschheit zu hilflosen Kreaturen erniedrigt und sie den Gesetzen eines absoluten Untergangs ausliefern will. Als schlimme Folge dieser Theorien werden Kriege zu unveräußerlichen Erscheinungen für die notwendige Dezimierung der Menschheit im Interesse ihres Fortbestands deklariert. In einer vernunftsbegabten und ihrer Verantwortung zum Leben bewussten Gesellschaft besteht heute durchaus die Möglichkeit, alle bisherigen so grausamen Entwicklungserscheinungen der Menschheit wie z. B. Bevölkerungsexplosion, Hungerstod und Volksseuchen einzudämmen bzw. ganz auszuschalten und damit ein zukunftsträchtiges Leben für alle Menschen zu gewährleisten. Die Erde, unsere natürliche Umwelt, aus der wir nicht nur die Güter zur Befriedigung unserer unmittelbaren materiellen Bedürfnisse schöpfen, sondern auch den Inhalt und die Schönheit unseres Lebens empfangen, muss uns Menschen heilig sein. Wir haben die Pflicht, dank unserer Vernunft, sie zu schützen und zu behüten, sie in voller Ertragsfähigkeit und Lebensfähigkeit auch an die kommenden Generationen weiterzureichen. Menschen, die sich verantwortungslos zu ihrer Umwelt verhalten, lassen sich von reinen egoistischen Zielen leiten, ihnen entgleiten alle wesentlichen Züge eines vernunftsbegabten Wesens unserer Zeit. Die bisherige grausame Plünderung und Zerstörung unserer Umwelt ist einzig und allein darauf zurückzuführen, dass es den Menschen, als Verwalter dieser Erde, nicht gelungen ist, die vorhandenen schöpferischen Potenzen mit den notwendigen Normen für eine frei und vernunftsbegabte Entwicklung aller Gesellschaftsmitglieder zu verbinden.

Die Umwelt kann zum Feind der Menschheit provoziert werden, wenn Unvernunft ihr ökologisches Gleichgewicht zerstört. Typisch für eine solche Provokation der Umwelt ist das weitere Fortschreiten der so genannten Ballungsgebiete der Bevölkerung in den industriellen und politischen Zentren auf der einen Seite und die Entvölkerung ganzer Regionen auf der anderen Seite. Eine sinnvolle, auf die Zukunft gerichtete Struktur und Regionalentwicklung wird der maximalen Erringung von Profit unterworfen. Diese Destruktivität der Regionen ist nur das Ergebnis jahrhundertealter Ausbeutung der Natur und der Menschen durch die vorherrschenden Machtverhältnisse zur Mehrung ihres Reichtums. Ausgewogene Arbeits- und Lebensbedingungen können nur dort entstehen, wo nicht im Vordergrund der Profit, sondern die Wohlfahrt der Allgemeinheit Priorität hat. Die seit den siebziger Jahren des vorigen Jahrhunderts neu entstandene Bewegung der Grünen in den hochindustrialisierten Ländern war keine Modeerscheinung bestimmter Menschen zur Etablierung neuer Parteien, sondern eine entsprechend den sich herausgebildeten Bedingungen zwingende Bewegung für die Erhaltung des notwendigen Lebensniveaus der Menschen in den Gebieten. Wenn die erforderlichen Umweltbedingungen der Menschen so weit zerstört werden, dass sie die psychische und physische Vernichtung seiner Existenz bedrohen, dann werden ihm auch die höheren materiellen Leistungen nicht mehr viel nutzen, er kämpft dann um die Veränderung dieses Zustands, auch wenn es sein muss, mit der Inkaufnahme eines sich abschwächenden materiellen Lebensstandards.

Die moderne Gesellschaft kann ihren allgemeinen Lebensstandard entsprechend den entwickelten Produktivkräften nur so weit steigern, inwieweit sie in der Lage ist, die notwendigen Umweltbedingungen zu erhalten bzw. geschlagene Wunden in der Natur zu heilen. Das ökologische Gleichgewicht kann mit der Entwicklung der Produktivkräfte und ihrer Potenzen auch bei steigender Produktion gesichert werden, wenn durch den Einsatz neuer Technologien und Verfahren ein rationaler Verbrauch bzw. eine Inanspruchnahme neuer Naturressourcen erschlossen und durch Maßnahmen der Rekultivierung und Regenerierung die in Anspruch genommenen Ressourcen erneuert werden.

Mensch und Natur bedingen sich einander. Das Leben des Menschen auf Kosten der Natur kann nicht von unendlicher Dauer sein. Jeglicher frevelhafte Missbrauch der Natur schlägt auf den Menschen erbarmungslos zurück und bedroht seine Existenz. Der Mensch ist ein Teil dieser Natur und mit hohen geistigen Fähigkeiten ausgestattet. Er strebt immer weiter in seinem Wissensdrang voran und die Erforschung des Kosmos ist eine große Herausforderung für ihn. Die kosmische Forschung und deren Nutzung birgt durchaus Möglichkeiten, nicht nur Rohstoffe und andere Ressourcen für unsere irdischen Zwecke zu gewinnen, sondern vielleicht auch in Zukunft neuen Lebensraum auf anderen Planeten für uns irdische Wesen zu schaffen. Die reale Welt erschließt sich dem geistigen Menschen immer, nur muss er stets dabei bedacht sein, seine Handlungen im Einklang mit der Vernunft zu gestalten und als endliches Wesen seine Grenzen nicht überschätzen. Der Mensch muss diese Welt stets als eine Welt Gottes in seiner Unendlichkeit und Ewigkeit begreifen. Von dieser Ehrfurcht gegenüber der uns überlegenen Vernunft waren bisher alle großen Genies ergriffen.

Es ist in diesem Zusammenhang verwerflich, wenn man das Verhältnis des Menschen zur Gesamtnatur und zum Kosmos in eine Religion verwandeln will, wie es Mynarek in seinem Werk zur Ökologischen Religion anstrebt. Er will das Öko-System Mensch-Natur zu einer heiligen Verpflichtung und die Natur selbst zu einem Gott erheben. Für ihn besteht die Ökologische Religion darin, dass Natur die Einheit von Hervorbringendem und Hervorgebrachtem, von Sein und Seienden ist. Für ihn ist das Göttliche an der Natur, die ungeheure Kraft, mit der sie das Seiende und damit auch das Werthafte ins Sein setzt. Den Urgrund des Seienden übergeht er, indem er das Seiende aus dem Nichts setzt. Lassen wir aber dieses dahingestellt sein, da die Ansichten über Gott immer Glaubensfragen bleiben werden.

Das Grundanliegen von Mynarek in seinem Werk zur Hingebung des Menschen zur Natur ist aber unumstritten. Wörtlich sagt er dazu: „Ökologische Religiosität ist so die Wurzel aller sittlichen Bejahung, Hinwendung und Hingebung an die Natur in all ihren Manifestationen, die Wurzel auch des ethischen und politischen Willens, eine befriedete Natur zu schaffen, bis hin zur Schaffung einer Staatsform, die den Tieren,

Pflanzen und Naturelementen jene Rolle zugesteht und garantiert, die sie verdiene." [43]

Viele weitere wichtige Aussagen zur Ökologie und einer zukünftigen Gesellschaft werden von ihm unterbreitet, jedoch grenzt es an einer starken Selbstüberschätzung, wenn er die Ökologische Religion als Universalreligion und die Vollendung zu allen anderen Religionen sieht. Man sollte die Verbundenheit des vernunftsbegabten Menschen zur Natur, seine inneren Gefühle für alles Schöne, die uns eine intakte Umwelt zu geben vermag, nicht mit einer religiösen heiligen Verpflichtung zur Natur als Fundament des ganzen Seins machen. Auch die Marxisten haben im atheistischen Sinne ihre materialistische Ideologie zu einer Religion in ihrem Sinne zu machen versucht.

Das Transzendente in jedem vernunftsbegabten Menschen geht über die Natur hinaus, es ergreift höhere Regionen in der Suche nach dem Sinn des Lebens und der darin sich zu äußernden Göttlichkeit. Ein Mensch, der seine Natürlichkeit verliert, der verliert letztendlich auch sein wahres Leben. Entfremdung von der Natur ist Selbstzerstörung und ein sinnloses Leben. Menschen, ihr seid dank unserer Vernunft zu Königen dieser Erde erhoben. Somit nehmt auch eure Pflichten wahr. Schützt die Natur, die euch dieses Glück beschenkt.

6 Philosophische Grundideen zur Herausbildung eines humanistischen, bürgerlichen Sozialstaates

In den Grundaussagen aller großen philosophischen Gelehrten stand neben der Weltanschauung und Ethik auch immer in ihren politischen Ansichten die soziale Gerechtigkeit im Vordergrund. Besonders in China wurde seit alters her das Religiöse und Ethische stets mit dem Sozialen und Politischen eng verknüpft. Konfuzius, der sich stets nur als Lehrer und Philosoph und nicht als Prophet irgendeines persönlichen Gottes verstanden sah, prägte folgenden Grundsatz: „Wer ein rechtschaffenes Herz hat, hat einen edlen Charakter. Im Haus eines edlen Charakters herrscht Harmonie. Harmonie im eigenen Haus schafft Ordnung im ganzen Land. Ordnung im eigenen Land schafft Frieden in der ganzen Welt." [9] S. 39 – Für ihn war schon damals wahre Menschlichkeit auch zugleich Göttlichkeit. Er entwickelte die Grundsätze des religiösen Realismus, er war der festen Überzeugung, dass in Natur und Sitte ein unabänderliches Weltgesetz waltet und dass der Mensch dank der ihm gegebenen Vernunft die Welt lebenswert gestalten sollte. Für Konfuzius ist die Moral nicht von einem persönlichen Gott eingesetzt und verkündet worden, sondern ist der Weltordnung immanent. Die Maxime und ethischen Grundsätze des Konfuzianismus gelten heute als Religion, denn sie widerspiegeln sich in einer gläubig verehrenden Anerkennung einer alles Sein bestimmenden göttlichen Macht, die den Grundsätzen der heutigen natürlichen Religion und daher dem Vernunftsglauben voll entspricht. Wie der Ethik von Rousseau, so lag schon damals der konfuzianischen Ethik der Gedanke zugrunde, dass der Mensch von Natur aus gut ist und dass alles Böse an ihm durch mangelnde Einsicht entstanden ist. Für Konfuzius ist das All harmonisch, also muss es auch der Mensch sein, sofern nicht um ihn störende Einflüsse zur Geltung kommen. [8] S. 176

Konfuzius war ein Moralphilosoph, der die ewigen Normen für das Leben des Einzelnen wie für die Regierung von Staaten lehrte. Diesem Anliegen widmete sich Aristoteles, der als mystischer Realist und durchdrungen von der Allmacht des menschlichen Wissens der Metaphysik sich voll widmete und im Gegensatz zu Konfuzius jeglichen Glauben ablehnte, jedoch dabei eine atheistische, materialistische Position nicht bezog. Wenn auch Aristoteles in seiner kalten Rationalität in vielen Abschnitten seines Werkes Politika wie z. B. in der Frage der Sklaverei, der Frage von Krieg und Frieden oder der Stellung der Frau und der Kinder in der Gesellschaft Ansichten vertrat, die heute nicht nachvollziehbar sind, so behalten seine Grundaussagen zur Theorie vom Menschen und der Staatslehre überhaupt allgemeine Gültigkeit. Nach Aristoteles gehört der Staat zu den von der Natur aus bestehenden Dingen und dass der Staat von Natur aus ein staatsbezogenes Lebewesen ist. Der Mensch ist jedoch als ein staatsbezogenes Lebewesen keine Biene oder jedes andere Herdentier. Wörtlich sagt er dazu: „Denn das ist im Gegensatz zu den anderen Lebewesen den Menschen eigentümlich, dass nur sie allein über die Wahrnehmung des Guten und des Schlechten, des Gerechten und des Ungerechten und anderer solcher Begriffe verfügen." [66] S. 78

Für Aristoteles war letztendlich die Tugend im Staat das entscheidende Element seines Bestandes und der Erhaltung dieser Gemeinschaft. In der Frage über die Gemeinschaft geht Aristoteles von der Tatsache aus, dass nicht alle Menschen gleich sind und dass der Staat nicht nur aus einer Vielzahl von Menschen besteht, sondern aus Menschen, die der Art nach verschieden sind. Ausgehend von der Art der Verschiedenheit der Menschen sah er auch die Besitzfrage nicht losgelöst von der Eigentümlichkeit der Menschen. Entschieden trat er dem allseitigen Gemeinbesitz sowie jeglicher Gleichmacherei entgegen. In diesem Zusammenhang sagt er: „Das Gute wird nämlich wohl von beiden haben; mit ‚von beiden' meine ich aber den gemeinsamen Besitz und den Privatbesitz. Denn in gewisser Hinsicht muss der Besitz gemeinsam sein, doch im allgemeinen privat." [66] S. 115 – Entschieden trat er der Behauptung Phaleas entgegen, der behauptete, dass alle Besitztümer der Bürger gleich sein müssten. Gemeinbesitz hat bei Aristoteles nur dort Vorrang, wo es gesamtgesellschaftliche Aufgaben zu erfüllen hat. Das im Allgemeinen der Besitz privat sein soll, leitet Aristoteles von der eindeutigen Tatsache ab, dass Gemeinbesitz die wenigste Obsorge erfährt. Denn die Leute kümmern sich um das Eigene am meisten, um das Gemeinsame weniger. Dieser grundsätzlichen Aussage von Aristoteles hätte Marx mehr Beachtung schenken müssen, denn er kannte seine Werke. Sein kommunistisches Paradies auf Erden durch die Überführung allen Besitzes an Produktionsmitteln in Gemeineigentum, als Grundlage dieses Systems, war ein großer Irrtum.

Bei allen diesen Überlegungen über die Gemeinschaft und den Staat blieb Aristoteles seinen ethischen und politischen Ansichten treu. Für ihn war die Tugend immer ein maßvolles Mittleres zwischen allen Extremen. Für ihn war die Mitte stets Richtlinie der besten Staatsverfassung. In diesem Zusammenhang sagt er: „Wenn nämlich in der Ethik richtig dargetan wurde, dass das glückliche Leben das in der Tugend ungehindert ist und dass die Tugend die Mitte bedeutet, so muss das mittlere Leben das beste sein, wobei jedes die Mitte erreichen kann." [66] S. 224 – Aristoteles sah die Mitte als Richtlinie der besten Staatsverfassung an, seine Grundgedanken waren schon damals auf einen bürgerlichen Sozialstaat gerichtet. Für Aristoteles bezog sich Politik nicht nur auf die Ökonomie, sondern auf alle Bereiche des gesellschaftlichen Lebens in einem Staat.

Aristoteles sah das Glückseligsein eines Volkes nur im Verein mit der Tugend. Der Gesetzgeber muss sich ganz besonders mit der Erziehung und Bildung der jungen Leute befassen und Obsorge dafür muss gemeinsam und nicht privat sein. Glückseligkeit und Wohlergehen des gesamten Volkes, auch bei Vorhandensein des unterschiedlich naturgegebenen Besitzes an äußeren Gütern muss das Grundanliegen eines rechtschaffenen Staates sein. Das Übermaß und der grenzenlose Besitz an materiellen Gütern einzelner Personen oder Gruppen sind für Aristoteles mit der Tugend eines Staates unvereinbar. Wörtlich sagt er dazu: „Es muss vielmehr ein echter Demokrat darauf sehen, dass die Volksmenge nicht zu sehr unbemittelt ist. Denn das ist die Ursache dafür, dass die Demokratie verkommt. Man muss also die ganze Kunst daransetzen, dass es zu einer langwährenden Wohlhabenheit kommt." [66] S. 310

Schon damals widmete er dem Kapitalerwerbswesen besondere Aufmerksamkeit. Er begründete und verwies auf die Notwendigkeit des Geldes in seiner Funktion des Umsetzens, des Warenaustausches, warnte aber zugleich vor den Leuten, die das Geldvermögen ins Unbegrenzte vermehren. Dazu sagt er: „Doch es gibt noch eine weitere Art von Erwerbskunst, die man ganz besonders, und da zu Recht, das Kapitalerwerbswesen nennt, der zufolge es keine Grenze für Reichtum und Besitz zu geben scheint." [66] S. 98 – Aristoteles erkannte schon damals die große Gefahr für die Gesellschaft, die von einem zügellosen Kapitalerwerb ausgeht und besonders durch den Zinserwerb gefördert wird. Nach Aristoteles' Auffassung läuft die Anhäufung von Geld durch Geld der Natur zuwider und ist der wahren Funktion des Geldes abträglich. „Denn zu Geld kam es um des Umsetzens willen, der Zins jedoch vermehrt dieses selbst. Daher hat der ‚Zins' auch seinen Namen bekommen. Ähnlich mit nämlich das Geborene selbst dem Gebärenden, und so bedeutet der Zins Geld von Geld. Demnach ist diese Art des Kapitalerwerbs die, die am meisten der Natur zuwiderläuft." [66] S. 98

Eine moderne Marktwirtschaft ist ohne einen echten Kapital- und Geldverkehr undenkbar. Aristoteles' kritische Bemerkungen zum Kapitalerwerb haben jedoch auch in einer kapitalistischen Marktwirtschaft ihre volle Berechtigung, damit der Kapitalerwerb nicht zu einem zügellosen Besitz von Reichtum und Macht einzelner Personen und Gruppen wird und gegen das Gesamtinteresse eines sozialen Staates gerichtet ist. Markt und Kapital sowie soziale Gerechtigkeit sind die Grundpfeiler einer jeden zukunftsträchtigen Gesellschaft. Insgesamt muss eingeschätzt werden, dass die Grundaussagen von Aristoteles zur Theorie vom Menschen und der Staatslehre auch heute noch ihre allgemeine Gültigkeit behalten. Deshalb wird im Vorwort zum Werk von Politika festgestellt: „Dennoch, Aristoteles blieb und bleibt – wenn auch nicht lautstark – im politischen Gespräch. John Locke, Charles de Montesquien, Jean-Jacques Rousseau, Kant, Hegel, Marx und Lenin, sie alle suchten und fanden die Auseinandersetzung mit Aristoteles und den Politika ..." [66] S. 10

Bis in die Zeit der Aufklärung gab es keine weiteren grundsätzlichen philosophischen Betrachtungen zu Fragen der Gesellschaft und des Staates, so wie sie Aristoteles in seinem Werk Politika dargelegt hatte. In der Zeit der Aufklärung war es vor allem Rousseau, der mit seinen politischen Schriften zu Fragen der politischen Ökonomie, dem Gesellschaftsvertrag und der Abhandlung über den Ursprung und die Grundlagen der Ungleichheit unter den Menschen neue Grundgedanken zu diesem Thema beitrug. Rousseau war im Gegensatz zu Aristoteles ein gläubiger Mensch. Sein Realitätssinn für die Welt bezog sich immer zu einem Glauben an Gott, der das All bewegt und alle Dinge ordnet. Diese Glaubensansicht verbunden mit dem Realitätssinn der Welt bildet ja gerade den Kern des religiösen Realismus. Sein Grundsatz lautete: „Alles ist gut, wie es aus den Händen des Schöpfers kommt; alles entartet unter den Händen des Menschen." [4] S. 4 – Seine politischen Ideen waren stets getragen von den Ideen des religiösen Realismus, die auf dem Glauben der natürlichen Religion beruhten. Mit den Ideen zum Gesellschaftsvertrag entwarf er die Grundgedanken für einen humanistischen, bürgerlichen Sozialstaat. Sein Gesellschaftsvertrag hatte kein anderes Ziel, als das allgemeine Wohl des Volkes in einer dauerhaften Übereinkunft zu sichern. Auch Rousseau sah wie Aristoteles die wahre Tugend eines Staates in der Mitte als Richtlinie der besten Staatsverfassung. Dazu sagt Rousseau: „Du willst also dem Staat Dauerhaftigkeit verleihen – bringe die Extreme soweit wie möglich einander näher: dulde weder Überreiche noch Bettler. Diese beiden Stände, natürlicherweise gekoppelt, sind dem Gemeinwohl gleicherweise verderblich; aus dem einen kommen die Helfershelfer der Tyrannei, aus der anderen die Tyrannen; der Handel mit der öffentlichen Freiheit findet immer zwischen diesen statt; der eine kauft und der andere verkauft sie." [67] S. 57

Wie für Aristoteles galt auch für Rousseau der Grundsatz, dass der Privatbesitz volle Berechtigung in einer Gesellschaft haben muss, die über den Markt eine hohe Effizienz und Ertragsfähigkeit der Wirtschaft aufweist und damit letztendlich auch das Allgemeinwohl der Gesellschaft bei einer guten Staatsverfassung über die Politik sichert. Der wahre gesellschaftliche Staat ist für den Menschen nur dann vorteilhaft, soweit sie alle etwas besitzen und niemand zu viel besitzt. Rousseau hat mit seinen politischen Schriften die Grundideen für eine Gesellschaftsordnung entworfen, die auf den wahren Menschenrechten in ihrer Unteilbarkeit von wirtschaftlicher, sozialer und kultureller Rechte einerseits sowie politischen und Bürgerrechten andererseits beruht. Als religiöser Realist trat Rousseau auch für eine strikte Trennung von Staat und Kirche ein, sah aber sehr wohl ein, dass es wichtig für den Staat ist, dass nach Möglichkeit jeder Bürger eine Religion hat, die ihm seine Pflichten lieben heißt. Die Glaubensfreiheit muss durch den Staat für jeden Bürger gewährleistet sein. Auf Grund dieser Glaubensfreiheit ist jede Art Theokratie für die Gesellschaft schädlich. Rousseaus Grundidee von der Gesellschaft und der Stellung des Menschen in der Gesellschaft basiert aus der Überzeugung, dass die soziale Ordnung nicht das Ergebnis einer historischen Evolution noch von Gesetzen, die außerhalb des Menschen wirken, bestimmt wird, sondern ein Akt individueller Willensäußerungen ist, die durch einen contract social oder Gesellschaftsvertrag (Grundgesetz) verbunden werden muss. Wie Aristoteles so sah auch Rousseau, dass der Staat zu den von der Natur aus bestehenden Dingen gehört und der Mensch ein staatsbezogenes Lebewesen ist. Die Gerechtigkeit kann nur etwas Staatsbezogenes sein und außerhalb des Rechts gibt es keinen Ausweg aus dem Interessenkampf. Die Spannung von Individuum und Gemeinschaft ist niemals innerhalb der so genannten freien Gesellschaft, wie sie insbesondere der Liberalismus sah, sondern nur in Bindung durch Staat und Recht lösbar. Die Grundideen Rousseaus gipfelten in den Gesellschaftsauffassungen für einen humanistischen bürgerlichen Sozialstaat, der auf den Grundsätzen der umfassten Menschenrechte und -pflichten basiert. Auch die Ideen von Locke, der ein Vordenker eines liberalen Rechtsstaates war, trugen solche Auffassungen, die im Kern einen sozialen Rechtsstaat zum Inhalt hatten.

Dazu wird in der Enzyklopädie der Philosophie [70] festgestellt, dass die Blütezeit des Liberalismus im 18. und 19. Jahrhundert lag. Er hatte seine geistigen Wurzeln im Humanismus und der Aufklärung. Im Zuge der Gegenaufklärung gingen solche Grunderkenntnisse für einen humanistischen, bürgerlichen Sozialstaat verloren. Der Kapitalismus gewann die vollen Züge der Diktatur des Kapitals und der im Gegenzug sich entwickelnde Sozialismus trug die Züge einer autoritären Parteiherrschaft. Die Folge dieser Entwicklung waren grausame Weltkriege und die bösen Wirkungen einer langen Periode des Kalten Krieges. Erst im Gefolge dieser unheilvollen Entwicklung zog die Menschheit ihre Lehren und gab in der Allgemeinen Erklärung der Menschenrechte nach der Resolution der UN-Generalversammlung vom 10. Dezember 1948 treffende Aussagen über soziale, wirtschaftliche und kulturelle Belange der Menschen. Diese Erklärung der Menschenrechte sollte das eherne Grundgesetz für alle Staaten der Erde zur Grundlage haben. Bisher hat jedoch noch kein Staat diese Erklärung in ihrer Unteilbarkeit zur Verfassungsgrundlage gemacht.

Allein das Grundgesetz der Bundesrepublik Deutschland kam diesen Grundsätzen am nächsten. Im Zuge des Vormarsches des Neoliberalismus, vor allem nach dem Zusammenbruch des Ostblocks, werden auch in der Bundesrepublik Deutschland die grundsätzlichen Rechte, besonders hinsichtlich des Sozialstaates immer mehr hintergangen. Persönliche Rechte und Freiheiten, Markt und Kapital sowie soziale Gerechtigkeit sind aber die Grundpfeiler eines humanistischen, bürgerlichen Sozialstaates. Nur auf diesen Grundpfeilern kann eine Demokratie als eine gesunde Staatsordnung Bestand haben und sollte das Ziel einer jeden Gesellschaft sein. Markt und Kapital sind keine nur auf den Kapitalismus bezogene ökonomische Kategorien. Schon in der Sklavenordnung hatten sie ihren Ursprung und haben sich mit der weiteren Entwicklung der Arbeitsteilung und des Warenaustausches immer weiter vervollkommnet. Im Kapitalismus erfuhren jedoch die Marktwirtschaft und das Kapital einen besonderen Stellenwert auf der Jagd nach Gewinn und Profit durch die Unternehmen unter Einbindung der Ware Arbeitskraft auf dem Arbeitsmarkt.

Schon die Väter der Marktwirtschaft, unter anderem auch Adam Smith, warnten vor einer unkontrollierten so genannten Freien Marktwirtschaft. Wie die staatlich gelenkte zentralisierte Planwirtschaft des Sozialismus, die jegliche Marktwirtschaft ausschloss und damit auch keine Effizienz erreichte, so ist auch die freie Marktwirtschaft des Kapitalismus nicht dazu angetan, dem Gemeinwohl der Gesellschaft zu dienen. Auf der Basis des ungezügelten Kapitalismus in der so genannten freien Marktwirtschaft kann es keinen wie so oft von den Liberalen gemeinten sozialen Kapitalismus geben. Ebenso kann es keinen auf sozialistischen Grundsätzen basierenden und besonders in jüngster Zeit von den Linken propagierten so genannten demokratischen Sozialismus geben. Der bürgerlichen humanistischen und sozialen Republik gehört die Zukunft. Auch die heute meistgebrauchten Schlagwörter von Politikern wie Freiheit und Demokratie sind reine Phrasen, wenn die Handlungen der Politiker nicht den allgemein gültigen Grundsätzen der Menschenrechte folgen.

Die Völker haben aus der bisherigen Entwicklung ihre Erfahrungen gezogen. Mit der Bildung des UN-Menschenrechtsrates wird in jüngster Zeit der Versuch unternommen, die Menschenrechte in ihrer Unteilbarkeit in allen Staaten durchzusetzen. Eine einseitige Handhabung der Menschenrechte sowie die bloße Existenz einer halbwegs funktionierenden parlamentarischen Demokratie ist keine Gewähr für die Wahrung der umfassenden Menschenrechte. Die gegenwärtige Situation auf der Welt zwingt die Menschheit zur Schaffung von Garantien zur Durchsetzung der Menschenrechte in allen Staaten und damit der Wahrung des Weltfriedens auf unserem Planeten. Es bewahrheiten sich die Worte Konfuzius', dass Harmonie Ordnung im Land schafft und damit Frieden in der ganzen Welt. Dem Teufelskreis des weiteren Auseinanderklaffens zwischen den Extremen von arm und reich muss die Menschheit im Weltmaßstab entschieden entgegentreten.

In seinem Werk „Arbeit, Kapital und Staat" [68] hat H. J. Bontrup den Nachweis erbracht, dass eine echte soziale Marktwirtschaft die Möglichkeit besitzt, das Sozialstaatsprinzip durchzusetzen und zu sichern. In einer sehr kritischen Betrachtung der Entwicklung des Neoliberalismus und der Globalisierung des Kapitals kommt er dabei zu folgender Aussage: „Die größten Profiteure der ‚Politik der Globalisierung und Liberalisierung' sind aber nicht abstrakte Länder, obwohl hier in Summe die reichsten Industrieländer zu nennen sind, sondern die international agierenden Konzerne des Industrie-, Handels-, Dienstleistungs- und des Finanzkapitals. Diese Konzerne werden getrieben von der Entwicklung der Produktivkräfte und der Jagd nach Profit. Wie schon im 15. Jahrhundert ist die Erde auch heute wieder bereit für ein neues Zeitalter der Eroberung." [68] S. 236 – Weiter heißt es in diesem Zusammenhang: „Der heutige multinationale Konzern ist zum globalen Unternehmen geworden. Instrumente von Rentabilität und Produktivität als Mittel zur Profitoptimierung können länderübergreifend eingesetzt werden." [68] S. 237

Dieser gefährlichen Entwicklung kann nur auf internationaler Ebene entgegengewirkt werden. Aber auch die Nationalstaaten sowie Staatengruppen tragen dabei eine große Verantwortung. Im Mittelpunkt der Untersuchungen von Bontrup steht der arbeitende Mensch und sein Grundsatz lautet, dass die Wirtschaft für den Menschen da ist und nicht umgekehrt. Die Gesellschaft und dabei insbesondere die Politik darf sich nicht den kapitalistisch-neoliberalen Verhältnissen verloren geben. Ökonomie ist vom Menschen gemacht und kann auch von Menschen verändert werden. Doch der Mensch steht nach Bontrup heute nicht im Mittelpunkt des unternehmerischen Gefüges, sondern ist nach wie vor nur ein Mittel. Dieses wird insbesondere unter Bedingungen von Massenarbeitslosigkeit manifestiert. Die Geisel der Massenarbeitslosigkeit mit ihren sozioökonomischen Folgen lastet schwer auf großen Teilen der Bevölkerung. Aber Arbeit ist nicht nur Broterwerb allein, sondern ist ein prägendes Persönlichkeitsmerkmal des Menschen zu seiner Selbstverwirklichung. Die Massenarbeitslosigkeit ist das Grundübel aller weiteren

Gebrechen dieser Gesellschaft. Bontrup fordert deshalb den Staat zu einer aktiven Wirtschaftspolitik auf, der die Triade Arbeit, soziale Sicherheit und Umwelt in den Mittelpunkt einer makroökonomischen Steuerung stellen muss. Dieses erfordert aber nachhaltig das Abrücken vom eingeschlagenen neoklassischen/neoliberalen Kurs in der Politik und vom blinden Vertrauen in die so genannten Selbstheilungskräfte des Marktes.

Nach dem Zusammenbruch des Ostblocks zog das internationale Kapital besondere extreme Schlussfolgerungen. So heißt es bei Bontrup: „Endgültig wurde dem Sozialstaat mit dem Zusammenbruch des real existierenden Sozialismus gegen Ende der 1980er Jahre der Krieg erklärt. Durch den Wegfall der Systemkonkurrenz gewann das Kapital vollends die Oberhand." [68] S. 264 – Aus der dargelegten Situation heraus sind alle fortschrittlichen humanen Kräfte der Welt gefordert. Deshalb stehen die Ideen von einer humanistischen, bürgerlichen und sozialen Gesellschaft aus der Zeit der Aufklärung heute wieder voll auf der Tagesordnung. Sie müssen jedoch ausgehend von den neuen Bedingungen der Weltwirtschaft und des internationalen Kapitals ihre Berücksichtigung finden. Die neoliberale Globalisierung fördert im Weltmaßstab soziale Ungleichheit innerhalb und zwischen den Ländern und Regionen. Auch die EU fördert diesen Prozess. Bontrup stellt dazu fest: „Daneben verschaffte die Europäische Wirtschafts- und Währungsunion sowie der weltweit forcierte Abbau von Zoll-, Handels- und Kapitalbeschränkungen den international agierenden Großunternehmen und Konzernen den gewünschten Freiheitsgrad für ihren Expansionskurs. Unterstützt werden sie dabei von den jeweils nationalen Regierungen." [68] S. 231

Der neoliberalen Globalisierung des Kapitals muss im Weltmaßstab Einhalt geboten werden. Die Verwirklichung der umfassenden Menschenrechte erfordert zwingend eine Neuordnung in der Weltwirtschaft. Das Grundgesetz der Bundesrepublik Deutschland trägt diese Züge für eine humanistische und demokratische Ordnung in sich und sollte vor jedem Angriff geschützt werden. Die deutsche Politik hat wahrlich in den vergangenen Jahrzehnten einen wichtigen Beitrag in der Weltpolitik geleistet und die Feststellung von Lafontaine trifft diesen Tatbestand genau, indem er sagt: „Wer wie ich ein Anhänger der Philosophie der Aufklärung ist, befürwortet eine Weltgesellschaft der Freien und Gleichen. Da wir sie nicht morgen verwirklichen können, müssen Institutionen geschaffen werden, die sich diesem Ziel verpflichtet fühlen. Dazu zählen die Vereinten Nationen, der Internationale Währungsfonds, die Weltbank, die Welthandelsorganisation und die internationale Gerichtsbarkeit. Die Aufgabe der Bundesrepublik Deutschland ist es, zur Stärkung und Demokratisierung dieser Weltorganisationen beizutragen." [69] S. 176

Der Aufruf von Lafontaine sollte nicht weiter von den neoliberalen Kräften ignoriert werden. In der nationalen sowie internationalen Politik sind heute die Ideen der Aufklärung die Richtschnur für ihr zukünftiges Handeln zur Herausbildung einer gerechten Gesellschaft im Weltmaßstab und gleichzeitig ein Unterpfand für die Erhaltung des Weltfriedens.

7   Wesensmerkmale einer neuen Gesellschaft

Nach dem Beispiel der großen Philosophen der Antike und dabei insbesondere durch Aristoteles, der die bis dahin geltende Philosophie als Einheitswissenschaft in einzelne Disziplinen unterteilte, wurde auch fortan der politischen Philosophie große Bedeutung beigemessen. Alle ernsthaften Philosophen gingen in ihren Vorstellungen von einer Gesellschaftsordnung aus, die im Wesentlichen stets von humanistischen und auf das Gemeinwohl gerichteten Grundsätzen getragen sein sollte. Diese in ihrem Kern humanistischen Vorstellungen konnten bisher im Verlaufe der Geschichte jedoch keine praktische Bedeutung erlangen.

Die bestehenden Herrschaftsverhältnisse schlossen solche Vorstellungen, die gegen ihre Interessen gerichtet waren, gänzlich aus oder erklärten sie zu reinen Utopien. Nach wie vor müssen sich philosophisch-politische Ansichten stets dem Verhältnis von Geist und Macht stellen, wobei die Macht bisher stets die Oberhand gewann. Die jeweils Herrschenden versuchten und versuchen es immer wieder, ihre antihumanistische und sozial ungerechte Welt sogar mit Gottes Wille zu rechtfertigen. Erst im Zuge der Aufklärung gelangten politische Ansichten über eine humanistische Gesellschaft wieder an Bedeutung. Auch hier trat Rousseau mit seinen politischen Schriften besonders hervor. Mag man ihn heute auch noch so zu hintergehen wollen und seine Theorie über den Gesellschaftsvertrag für falsch darstellen, so sind seine politischen Schriften, wie seine gesamten Werke, nach wie vor ein Aufbruch für eine demokratische und humanistische Gesellschaft. Wenn er auch von den neuzeitlichen Politologen meistens nicht erwähnt wird, so sind jedoch seine Grundaussagen in vielen ihrer Werke zu erkennen. So spiegeln sich Rousseaus kritische Ansichten über Platon, nur als Beispiel, auch in den Ansichten von K. R. Popper wider, der wörtlich dazu sagt: „Platon, der größte, tiefste und genialste aller Philosophen, hatte eine Auffassung vom menschlichen Leben, die ich abstoßend und geradezu erschreckend finde." [58] S. 115 – So wurden nach Ansicht Poppers, zu Recht, Platons Theorien über die Elite und die Rolle der Herrscher zum Vorbild der

Inquisition und der Konzentrationslager. Mit vollem Recht betont Popper weiter, dass seit Platon der Größenwahn die am weitesten verbreitete Berufskrankheit der Philosophen wurde. Nach Meinung Poppers waren in ähnlicher Weise auch Hume, Spinoza und Kant (ich zähle auch Hobbes hinzu) in solchen gesellschaftsrelevanten Fragen belastet.

Für mich stehen auch in jüngster Zeit in ähnlicher Richtung vor allem Marx, Freud und Nietzsche als Vertreter der Gegenaufklärung in keiner Weise nach. Auf der Suche nach einer besseren Welt ging Popper sehr kritisch mit den Philosophen um. Ein Philosoph darf für ihn kein intellektueller Feigling sein, er muss es wagen, ein Revolutionär auf dem Gebiet des Denkens zu sein. Ein solcher Revolutionär war aber für mich in erster Linie Rousseau. Er ging als Erster mutig gegen die Arroganz der Philosophen an und verurteilte ihren Hochmut. Philosophen haben in erster Linie der Wahrheit zu dienen und insbesondere in politisch gesellschaftlichen Fragen den Blick für Humanität und soziale Gerechtigkeit nicht aus dem Auge zu verlieren. Die heute unter den so genannten modernen Philosophen weit verbreitete Auffassung, dass philosophische Abhandlungen keinen Bezug zu praktischen Fragen des Lebens haben sollten, sind eine Schmach für die gesamte Philosophie und machen diese Schreiberlinge zu reinen Stubengelehrten ohne jeglichen Bezug zum Leben und zur Wahrheit.

Es gab und gibt mutige und geistig hochstehende Menschen, die nicht immer aus der so genannten philosophischen Elite stammten, dafür umso eindringlicher ihre Stimme gegen Ungerechtigkeit und Katastrophen in der Welt erhoben. Sie prangerten sehr deutlich die Verursacher dieser Katastrophen an, aber blieben in den meisten Fällen ohne Gehör. Für sie galt immer der Grundsatz, dass wenn wenige Leute die Möglichkeit erhalten, den Weltuntergang herbeizuführen, dann muss die Vernunft der Menschen aufschreien. Das gegenwärtige Recht geht heute meistens von den Stärkeren aus, die Gerechtigkeit muss aber von der Vernunft ausgehen. Einstein wird uneingeschränkt als das größte Genie auf dem Gebiet der Naturwissenschaft des 20. Jahrhunderts bezeichnet. Er war aber nicht nur ein Genie auf dem Gebiet der Naturwissenschaften, sondern nahm auch zu vielen grundsätzlichen Fragen der Gesellschaft Stellung. Seine fortschrittlichen Ansichten auf diesem Gebiet wurden jedoch von vielen Gesellschaftswissenschaftlern und Politikern nicht geteilt und oft für naiv und nicht für zeitgemäß erklärt. Es war aber in erster Linie Einstein, der ohne Rücksicht auf seine Person die Menschheit mit leidenschaftlichem Sinn für soziale Gerechtigkeit in einer demokratischen Ordnung aufrief und gegen Faschismus und jegliche Art von Diktatur und Krieg eindeutig Stellung bezog. Leider hat die Menschheit erst nach solchen verheerenden Folgen wie dem I. und II. Weltkrieg Lehren daraus gezogen und sie in den Deklarationen des Völkerbundes, aber insbesondere der UNO gezogen. Die Allgemeine Erklärung der Menschenrechte von 1948 war der sichtbarste Ausdruck dafür. Die Allgemeine Erklärung der Menschenrechte erhielt zwar keinen rechtsverbindlichen Akt, verpflichtete jedoch die Mitgliedsstaaten in Zusammenarbeit mit den Vereinten Nationen, die allgemeine Achtung und Verwirklichung der Menschenrechte und Grundfreiheiten durchzusetzen.

Nur der Staat dürfte sich heute demokratisch nennen, dessen Verfassung auf den Grundsätzen der Charta der Vereinten Nationen und der dort verankerten Menschenrechte beruht. Bis zum heutigen Tage hat noch kein Staat auf dieser Erde eine solche Verfassung angenommen. Wenn heute im Entwurf der europäischen Verfassung lediglich jeder Person das Recht zu arbeiten eingeräumt wird, so ist es ein Hohn auf die Menschenrechte der UNO, die jedem Menschen das Recht auf Arbeit sowie den Schutz gegen die Arbeitslosigkeit fordert. Jede Beteuerung der Menschenrechte ohne Einschluss der sozialen Sicherheit ist gegenstandslos. Die Menschenrechte können nur in ihrem Gesamtzusammenhang gesehen werden. Der eherne Grundsatz in der Einführung zu der Charta besagt eindeutig, indem es wörtlich heißt: „Die klassischen Freiheitsrechte werden gewährt durch demokratische Regierungssysteme und gerichtliche Kontrolle, die sozialen Rechte durch Wirtschaftssysteme, die Arbeit, Brot und Wohnung für jedermann sicherstellen." In den Grundpflichten wurde zur Sicherheit dieser Rolle die Feststellung getroffen, dass keine Bestimmung der vorliegenden Erklärung so ausgelegt werden darf, dass sich dazu für einen Staat, einer Gruppe oder Person irgendein Recht ergibt, eine Tätigkeit auszuüben oder eine Handlung vorzunehmen, welche auf die Vernichtung der in dieser Erklärung angeführten Rechte und Freiheiten abzielen. Dieses Dokument bedarf keiner weiteren Betrachtungen noch Auslegungen über den Weg für eine humanistische und demokratische Gesellschaftsordnung in der ganzen Welt. Die Grundsätze dazu sind hier klar formuliert.

Die wirklich bestehenden globalen Probleme dieser Erde löst die Globalisierung des Kapitals in keinem Fall, sondern verschärft sie noch im erheblichen Maße. Die Globalisierung des Kapitals verstärkt noch die Gegensätze zwischen den armen und den reichen Ländern. Die ökonomisch unterentwickelten Länder werden heute nicht mehr von reinen Naturvölkern bewohnt. Immer mehr fordern sie ihr Recht, insbesondere die aufgeklärte Jugend dieser Länder, auf ein gleichberechtigtes zivilisiertes Leben im Bunde der Völker. Die echten globalen Probleme der Erde kann nur eine Weltorganisation, wie sie die UNO darstellt, künftig lösen. Die UNO sollte jedoch nicht dabei die Rolle einer Weltregierung übernehmen, sondern entsprechend der Charta der Vereinten Nationen, in der die Ziele und Grundsätze festgelegt sind, handeln. Mit vollem Recht wird von Hartmut Krüger vom Verlag Reclam in dessen Ausgabe in der Einleitung zur Charta der Vereinten Nationen festgestellt, dass der hohe Anspruch der Vereinten Nationen bisher immer wieder egoistischem Macht- und Blockdenken weichen musste und die Menschenrechte auch in vielen Staaten, die Mitglied der Vereinten Nationen sind, bis heute nur Leerformeln ohne materiellen Gehalt geblieben sind. Schlussfolgernd sagt er weiter, dass wenn erst allen Staaten die gemeinsame Betroffenheit bewusst wird, die sich aus den Problemen der Zukunft und des gemeinsamen Lebens auf einem Erdball ergibt, dann dürfte die Bedeutung der Vereinten Nationen als universeller Organisation des Interessenausgleichs in heute noch ungeahnter Weise zunehmen. Die wahre Vollmacht muss in Zukunft die UNO darstellen und nicht einzelne Staaten oder Staatengruppen.

In der Analyse über die gegenwärtige gesellschaftliche Situation kommen fast alle bedeutenden Denker zu der Schlussfolgerung, dass die gegenwärtigen gesellschaftlichen Systeme sowohl des Sozialismus wie auch des Kapitalismus überlebt sind. Auch Johannes Paul II. kommt zu der Feststellung, indem er sagt: „Es gibt Zeichen der Hoffnung und Erstlinge einer neuen Welt: der Glaube, der leben wird und sich im Eintreten für Gerechtigkeit äußert; das Suchen nach menschlichen Formen des sozialen Zusammenlebens und nach Wirtschaftsmodellen, die weder ausschließlich den Gewinn noch dem Konsum als Grundlage haben, sondern das Miteinander-Teilen und die Solidarität; die Ablehnung jeder Art von Gewaltanwendung, auch wenn sie der angeblich institutionellen Gewalt begegnen möchte; die Entscheidung für den Kampf gegen die Korruption in ihren verschiedenen Formen, gegen die Lüge sowie die öffentliche und private Unmoral." [59] S. 213

Noch deutlicher wird der Dalai Lama in seinem Buch über die Menschlichkeit, indem er sagt: „Wenn die gegenwärtige Entwicklung so anhält, dann werden die Armen mit Sicherheit noch ärmer werden. Allein schon unser Sinn für Fairness und Gerechtigkeit sagt uns, dass wir das nicht zulassen dürfen." [60] S. 212 – Hinzugefügt muss aber noch werden, dass nicht nur die Armen immer ärmer, sondern die Breite der Armut immer größer wird. Immer mehr große Teile der Beschäftigten und sogar des Mittelstandes geraten in die Fänge dieser Entwicklung. Dalai Lama plädiert für eine Stärkung des globalen Verantwortungsgefühls und eines Rechtssystems, das für die Einhaltung der Menschenrechte im Rahmen des Gesamtzusammenschlusses sorgt, während die einzelnen Gemeinschaften, aus denen das Ganze besteht, ihrer jeweils angestrebten Lebensweise nachgehen können. Es wäre nur wünschenswert, wenn alle Weltreligionen sich auf ihre ursächlichen ethischen Grundzüge besinnen würden und sich für eine humanistische Gesellschaftsordnung einsetzten.

Das Projekt Weltethos von Hans Küng weist die Religionen der Welt auf diese Verantwortung hin. Sein Grundsatz „Kein Überleben ohne Weltethos. Kein Weltfriede ohne Religionsfriede. Kein Religionsfriede ohne Religionsdialog" [30] S. 13 weist den richtigen Weg für eine friedliche und somit auch gerechte Entwicklung der Welt. Die Idee eines Weltparlaments der Religionen, auf der Grundlage der Erklärung zum Weltethos, die vom Dalai Lama voll unterstützt wird, hat bis heute nicht die erforderliche Resonanz gefunden. Es ist unverständlich, warum gerade die katholische Kirche sich so zurückhaltend dazu verhält und Hans Küng als einen der brillantesten Theologen brüskiert. Oder fürchtet der Papst doch die Wahrheit, das stünde ganz im Gegensatz zu seinen Aussagen, die er immer wieder gerade zu Fragen des Weltfriedens darlegt. Die Worte des Dalai Lama sollten sich alle Religionsführer zu Herzen nehmen, indem er sagt: „Wenn wir, die wir eine Religion ausüben, uns nicht mitfühlend und ethisch diszipliniert verhalten, wie können wir es dann von anderen erwarten? Wenn es uns gelingt, echte harmonische Übereinstimmung zu schaffen, die auf gegenseitigen Respekt und Verständnis beruht, dann erwächst uns aus der Religion ein enormes Potential, wenn es darum geht, sich maßgeblich zu lebenswichtigen moralischen Fragen zu äußern. So etwa zu Frieden und Abrüstung, zu sozialer und politischer Gerechtigkeit, zu Umweltproblemen und zu vielen anderen Themen, die die ganze Menschheit betreffen. Doch es wird uns niemand ernst nehmen, solange wir unsere eigenen geistigen Lehren nicht in die Praxis umsetzen. Also müssen wird ein gutes Beispiel abgeben, indem wir gute Beziehungen zu anderen Glaubensrichtungen aufbauen." [60] S. 249

Die Weltreligionen sind in der Ära der weiteren Globalisierung des Kapitals, mit allen ihren verheerenden Folgen für die menschliche Zivilisation, in besonderer Weise gefordert, sie müssen ihr Fundament des Ethos festigen und geschlossen für eine Welt des Friedens und der Humanität eintreten. Küng weist auf diese besondere Bedeutung der Religionen hin und erhärtet die besondere Verpflichtung der Religionen und sagt: „Auch der Mensch ohne Religion kann ein echt menschliches, also humanes und in diesem Sinne moralisches Leben führen; eben dies ist Ausdruck der innerweltlichen Autonomie des Menschen. Doch eines kann der Mensch ohne Religion nicht, selbst wenn er faktisch für sich unbedingte sittliche Normen annehmen sollte: die Unbedingtheit und Universalität ethischer Verpflichtung begründen." [30] S. 75 – Nicht nur das bisherige sozialistische System, sondern auch die bürgerliche Gesellschaft versucht, das transzendente Bedürfnis der Menschen in den Hintergrund zu stellen. Auch von einem weit links gerichteten Autoren wie Heleno Sana wird der Verlust der Transzendenz in der Gesellschaft besonders negativ empfunden. In diesem Zusammenhang sagt er: „ Das Bedürfnis nach Transzendenz ist den Menschen angeboren, nur ihre Erkenntnismodi hängen mit den Wertvorstellungen der jeweiligen geschichtlichen Periode zusammen." Weiter sagt er: „Und da wir nicht an die Götter glauben, die unsere Vorfahren anbeteten, bedeutet auch nicht, dass die Suche nach dem Absoluten zum Stillstand gekommen ist und so >>ad acta<< gelegt werden kann." [61] S. 157

Die Weltreligionen sind alle durch ihre Verkünder aus der Sehnsucht nach Transzendenz und deren ethischen Grundlagen entstanden. Sie haben ihre eigenen Weltansichten und ihren eigenen Glauben, der sie jedoch immer ermahnen muss, auch ihre volle Verantwortung im Rahmen der Gesellschaft einzunehmen. Für Sana ist es umso erstaunlicher, dass gerade die bürgerliche Gesellschaft sich immer mehr bemüht, die transzendenten Bedürfnisse des Menschen aus dem Leben zu verbannen und die durch Macht, Geld, gesellschaftliches Ansehen und andere materielle Pseudowerte zu ersetzen. Heute steht der Religionsfriede mit voller Schärfe auf der Tagesordnung und fordert insbesondere die Christenheit, sich ihrer politischen Botschaft des Evangeliums, wie es Heiner Geißler ermahnt, zu besinnen. Wörtlich heißt es in seiner Botschaft: „Die Liebe zum Nächsten ist nicht platonisch und keine Sache des Gefühls. Sie bedeutet Pflicht zum Handeln für denjenigen, der in Not ist, auch für den Feind. Sie sprengt nationale, kulturelle und religiöse Grenzen, sie gilt allen Menschen,, unabhängig von Klasse, Rasse, Geschlecht und Nation." [62] S. 153 – Die in seinem Buch verkündete Botschaft des Evangeliums muss und wird gehört werden und verlangt auch mit aller Dringlichkeit seine Realisierung in dieser Welt. Seine Frage, warum die Kirchen den fälligen massiven Protest gegen die brutale Form des Spät-

kapitalismus Organisationen wie Attac oder Amnesty International ü-
berlassen und sich nicht selber an die Spitze des Protestes setzen, ist nur
allzu berechtigt. Dieser Forderung müssen sich die Kirchen stellen, wenn
nicht immer mehr aufrechte Menschen das Vertrauen in die Institution
der Kirche verlieren sollen. In einem Interview der Zeitschrift „Bild der
Frau" meint Harry Belafonte in diesem Zusammenhang sinngemäß,
„dass der Glaube an Gott nicht der Glaube an die Kirche ist. Die Kirchen
dienen im Namen Gottes nur bestimmten Menschen. Für ihn ist Gott
Moral und Wahrhaftigkeit und nur im Namen der Kirchen wird getö-
tet". Die Kirchen müssen sich konsequent gegen die Globalisierung des
Kapitals stellen, in deren Folge immer größere Gefahren für die gesamte
Menschheit entstehen. Nach einem Bericht der FAO, einer Organisation
der Vereinten Nationen, hungern 850 Millionen Menschen auf dieser
Erde. Alle vier Stunden stirbt ein Mensch an den direkten oder indirek-
ten Folgen von Hunger, jedes Jahr sind es mehr als fünf Millionen Kinder.

Die Globalisierung des Kapitals wird unter der Bezeichnung Globalisierung der Weltwirtschaft in der Öffentlichkeit proklamiert. Wie jedoch
von M. Chossudovsky zu Recht festgestellt wird, vollzieht sich die Kapi-
talakkumulation zunehmend außerhalb der realen Ökonomie, nicht
durch produktive und kommerzielle Wirtschaftstätigkeit. Der Reichtum
vollzieht sich vorwiegend durch spekulative und kriminelle Geschäfte.
Wörtlich heißt es bei Chossudovsky: „Eine privilegierte Minderheit hat
große Reichtümer auf Kosten der großen Mehrheit der Weltbevölkerung
angehäuft. Die Zahl der Milliardäre allein in den USA stieg von 13 im
Jahr 1982 über 149 im Jahr 1996 auf über 300 im Jahr 2000. Der globale
Club der Milliardäre – mit etwa 450 Mitgliedern – verfügt über ein
weltweites Gesamtvermögen, das deutlich über dem Bruttosozialprodukt der Gruppe der einkommensschwächsten Länder liegt, wo
59 Prozent der Weltbevölkerung leben." [63] S. 28/29

Die Globalisierung des Kapitals ist zugleich eine Globalisierung der
Armut und vollzieht sich in einer Phase schneller technologischer und
wissenschaftlicher Fortschritte. Durch die Macht des Finanzadels entzie-

hen sich die Großkonzerne und Banken im Rahmen dieser Globalisierung immer mehr der politischen und sozialen Verantwortung in den einzelnen Ländern und beschwören eine katastrophale Entwicklung in der Welt. Die Allianz der Reichen forciert die Globalisierung der Armut, der Umweltzerstörung, der sozialen Apartheid, des Rassismus und der ethischen Zwietracht, Arbeitslosigkeit und Elend nehmen überhand. Die Marktwirtschaft des Kapitalismus ist nicht der Ursprung der Marktwirtschaft. Die Marktwirtschaft existiert, seit es eine Arbeitsteilung und den Austausch der Produkte und Leistungen gibt. Samir Amin legt in seinen Ausführungen zur Natur des Kapitalismus die Meinung Brandels dar, der die gängige Gleichsetzung Kapitalismus = Markt ablehnt. Ihm zufolge ist die Marktwirtschaft weit früher da als der Kapitalismus, der erst auftauscht, als sich eben über dem Markt jener Anti-Markt (die wirkliche Macht) herausbildet, woraus die Geschichte dann ihrerseits die Kapitalismusgeschichte gestaltet. [51] S. 59

Der Markt regelt den Austausch und die Effizenz der Wirtschaft, die soziale Komponente kann aber nicht über den Markt allein wirksam werden, sondern bedarf immer der politischen Einflussnahme durch den Staat. Um die soziale Komponente zu wahren, muss immer die Politik Rahmenbedingungen auch für die Wirtschaft setzen. Die irrige Auffassung der Neoliberalen, dass alles über den Markt geregelt werden kann, führt zu ernsthaften Krisen in der Gesellschaft. Der Markt wurde durch den Liberalismus zum entscheidenden Maßstab nicht nur für die Ökonomie, sondern der gesamten gesellschaftlichen Entwicklung bestimmt.

Genau so irrig ist die Auffassung der Marxisten, dass die Wirtschaft nicht über den Markt, sondern durch eine zentrale staatliche Planung effektiv gestaltet werden kann. Der Sozialismus, der durch Beseitigung des Privateigentums an Produktionsmitteln mit Hilfe der staatlichen Planung die Rolle des Marktes ersetzen sollte, verstieß auf das gröbste gegen das Wertgesetz und damit auch seine Rolle als stimulierender und produktionsfördernder Faktor. Das Ergebnis dieser zentralisierten Planwirtschaft ist uns allen aus der Praxis bekannt. Deshalb muss auch der neuen humanistischen Wirtschaftsordnung der Markt zugrunde liegen. Alle Eigentumsformen an Produktionsmitteln müssen ihre Existenzberechtigung erhalten und im freien Wettbewerb konkurrieren.

In einer humanistischen Gesellschaft muss aber auch die Marktwirtschaft ihre wahre und notwendige soziale und ökologische Komponente erhalten. Nach Feststellung von Küng wird jenseits von Planwirtschaft und reiner kapitalistischer Marktwirtschaft in der neuen Ordnung eine sozial und ökologisch regulierte Marktwirtschaft entstehen, die zwischen Kapitalinteressen (Effizienz, Gewinn) einerseits und Sozial- wie Ökointeressen andererseits im Ausgleich vorgenommen wird. [30] S. 34 – Die Verringerung des Anteils an lebendiger Arbeit im Zuge des wissenschaftlich-technischen Fortschritts in der Produktion führt keineswegs zur Schmälerung des Bruttosozialprodukts, sondern steigert es sogar im erheblichen Maße. Die Freisetzung von lebendiger Arbeit in der materiellen Produktion darf nicht zur Arbeitslosigkeit führen, sondern zur Umsetzung dieser freiwerdenden Arbeitskraft in andere gesellschaftlich notwendige Bereiche, aber auch generell zur Verkürzung der Arbeitszeit. Das Bruttosozialprodukt muss sozial gerechter eingesetzt werden. Im Prinzip sind Sozialhilfen (z. B. Hartz IV) Almosen der Reichen an die Armen.

Den Gründern der Bundesrepublik Deutschland lagen solche Vorstellungen über eine soziale Marktwirtschaft schon damals zugrunde, die jedoch keine feste Verankerung in der Verfassung fanden und daher die soziale Marktwirtschaft ihre ursprünglich gedachte Rolle unter dem Druck des Monopolkapitals immer mehr verlor. Auch J. Fischers anfangs ernst gemeinte Auffassung, den Marktradikalen die Vision der sozialen Bürgergesellschaft entgegenzuhalten, verlor sich im Zuge seiner politischen Entwicklung immer mehr. Der Abbau der sozialen Leistungen und der Anstieg der Arbeitslosigkeit vollzog sich jedoch nicht nur in der Bundesrepublik Deutschland, sondern in allen entwickelten Industriestaaten. Die Auffassung der Sozialdemokraten, ihnen voran Helmut Schmidt, dass die privaten Kapitalunternehmen eine besondere Förderung erhalten müssen, da sie die Kuh sind, die die Milch zur Aufrechterhaltung des Sozialstaates vorwiegend liefert, hat sich längst überholt.

Die privaten Kapitalunternehmen haben sich von der melkenden Kuh zu einem kräftigen Stier entwickelt, der mit seinen Hörnern die Grundlagen des Sozialstaates immer mehr durchbohrt. Der Mehrertrag dieser Unternehmen fließt immer stärker in die Taschen ihrer Großaktionäre und die sozialen Belange der Gesellschaft werden immer mehr vernachlässigt und die Grundsätze einer sozialen Marktwirtschaft treten immer mehr in den Hintergrund. Die Regierungen der Staaten werden durch den Finanzadel mit der drohenden Keule der Kapitalverlagerung in andere Länder regelrecht erpresst. Gleichzeitig verlieren sie alle ethischen Grundsätze gegenüber der eigenen Arbeitnehmerschaft, die es doch sind, die dieses Kapital erst erwirtschaftet haben. Ja, sie steigern sich noch so weit, dass sie ihre sozial ungerechte Welt mit Gottes Willen rechtfertigen wollen.

Dieser gefährlichen Entwicklung muss die Politik im Interesse der Gesellschaft energisch entgegentreten. Einzelne Regierungen und auch nationale Vereinigungen, wie z. B. die EU, können allein diese Aufgabe nicht bewältigen. Eine entscheidende Rolle könnte dabei die UNO spielen, wenn sie wieder ihre ursprüngliche Autorität und Einflussmöglichkeit für die Gestaltung einer demokratischen und humanistischen Welt erlangt. Nach dem II. Weltkrieg war sich die Mehrheit der Staaten der Welt einig, dass es eine neue Weltordnung geben muss, um die Menschheit vor noch einer größeren Katastrophe zu bewahren. Diese Rolle konnte jedoch die UNO nicht einnehmen, da durch die Herausbildung zweier Weltmächte, den USA und der SU, mit ihren Gruppierungen sich einseitige und auf ihre eigenen Interessen aufbauende Machtstrukturen in der Welt bildeten. Der Eiserne Vorhang wurde zwischen den beiden Machtstrukturen geschaffen und der Kalte Krieg entfacht. Damit verlor die UNO ihre gedachte weltpolitische Bedeutung. Sie hätte auch keinen neuen Weltkrieg verhindern können, das belegen die Tatsachen der Kuba-Krise, Berlin-Krise und anderer Gefahrenkonflikte in der Welt. Dass es zu keinem Einsatz der Massenvernichtungswaffen bisher kam, verdankt die Menschheit einzig und allein dem militärischen Gleichgewicht dieser beiden Mächte und nicht der UNO. Nach wie vor bestand und besteht eine riesige Kriegsgefahr durch dieses gewaltige Potential an Massenvernichtungswaffen.

Auch nach dem Zusammenbruch des Ostblocks und damit der Ära des Kalten Krieges vollzog sich nicht die Hoffnung der Völker auf eine weltweite Abrüstung und eine grundsätzlich neue Ära in den Beziehungen der Völker. Nach der Auflösung der Sowjetunion und des Ostblocks insgesamt brach auch in deren Folge das gesamte Wirtschaftssystem des RGW selbst zusammen. Mit dem Ende des Kalten Krieges sind im Ergebnis des neuen Machtdreiecks aus IW, Weltbank und WTO die ehemaligen Ostblockländer verarmt und werden von der Weltbank als Entwicklungsländer eingestuft. Einen anderen Weg wählten die USA nach Beendigung des Kalten Krieges. Sie fühlten sich als die Gewinner dieser Schlacht und gaben ihre Position als Weltmacht nicht auf. Sie ignorieren in vielen wichtigen Fragen die UNO und setzen sich in vielen Fällen über deren Grundsätze hinweg. Weltweit nimmt die Aufrüstung zu und in ihrem Streben nach Alleinherrschaft forciert besonders die USA ihre Aufrüstung aus angeblichem Kampf gegen den weltweiten Terrorismus und deren so genannten Schurkenstaaten und erhofft sich dadurch ihre militärische Vormachtstellung in der Welt. Die Bush-Regierung lenkt Milliarden von Dollar in die Entwicklung neuer Waffensysteme, insbesondere in das umstrittene Raketenabwehrsystem, lasergesteuerter Langstreckenwaffen sowie der Kriegsführung durch die so genannten Ionosphärenheizer infolge einer Klimamanipulation. Zu dieser Entwicklung stellt Chossudovsky fest: „Die USA halten weiterhin an ihrer Erstschlagsstrategie fest, die den Verlautbarungen nach so genannte Schurkenstaaten abschrecken soll, sich tatsächlich aber direkt gegen Russland und China richtet." [63] S. 401/402

Dieser Entwicklung werden bestimmt China und Russland nicht tatenlos zusehen und ebenfalls ihre Rüstungsspirale nach oben drehen. Wenn heute in den Medien Kosmologen der breiten Öffentlichkeit den unausbleiblichen Untergang des Sonnensystems in etwa sieben Milliarden Jahren darlegen, so ist es vielleicht die eine Wahrheit, die Menschheit bereitet sich aber schon jetzt infolge eines Krieges mit Massenvernichtungswaffen vielleicht ihren Untergang in diesem Jahrhundert vor. Noch nie ist die UNO im Interesse des Weltfriedens so gefordert wie heute. Eine Wandlung der UNO kann aber nur erfolgen, wenn in erster Linie der Weltsicherheitsrat, ausgehend von den neuen politischen Bedingungen in der Welt, entsprechend strukturiert und entscheidungsfähiger gestaltet wird. Die USA, als stärkste Macht der Erde, muss wieder ihre progressive Haltung zur Erhaltung des Weltfriedens und der Lösung anderer globaler Probleme in der UNO einnehmen. Denn die Bush-Regierung und ihre Anhänger sind bei weitem nicht das amerikanische Volk. Immer mehr erheben progressive Kräfte im Volke ihre Stimme gegen diesen verhängnisvollen Weg. Das amerikanische Volk, schon aus seiner Tradition her, will Frieden und Freiheit. Im Vorwort zur deutschen Ausgabe seines Buches „Volle Deckung MR. Bush" schreibt M. Moore: „Ich schreibe euch, damit ihr wisst, dass ich keineswegs allein bin, sondern mitten in einer neuen amerikanischen Mehrheit stehe. Viele Millionen amerikanischer Bürger denken wie ich, oder ich denke wie sie. Ihr erfahrt bloß nichts von ihnen, jedenfalls bestimmt nicht aus der Presse. Aber sie sind da draußen und ihre Wut brodelt direkt unter der Oberfläche." [64] S. 10

Amerika ist keine Despotie, sie hat eine lange demokratische Tradition. Das Positive an einer Demokratie ist aber nach Poppers richtiger Meinung, dass man in einer Demokratie seine Regierung ohne Blutvergießen loswerden kann, in einer Despotie aber nicht. Über seine ersten Eindrücke in Nordamerika sagte Einstein schon vor dem 2. Weltkrieg: „Die Vereinigten Staaten sind heute das mächtigste technisch fortgeschrittene Land der Erde. Ihr Einfluß auf die Gestaltung der internationalen Verhältnisse ist ein geradezu unberechenbarer. Doch Amerika ist groß, und seine Bewohner zeigen bisher nicht so viel Interesse für die internationalen Probleme, an deren Spitze heute das Problem der Abrüstung steht. Dies muss anders werden, schon im eigensten Interesse der Amerikaner. Der letzte Krieg (gemeint der 1. Weltkrieg) hat gezeigt, dass es keine Trennung der Kontinente mehr gibt, sondern dass die Schicksale aller Länder heute eng miteinander verflochten sind. Es muss sich daher in diesem Land die Überzeugung durchsetzen, dass seine Bewohner eine hohe Verantwortung tragen auf dem Gebiet der internationalen Politik. Die Rolle des untätigen Zuschauers ist dieses Landes nicht würdig und müßte auf die Dauer für alle verhängnisvoll werden." [14] S. 44/45

Globale Beteuerungen in der Politik nützen heute nichts mehr, um die Menschheit vor Krieg, Gewalt und ökologischem Raubbau sowie der weiteren Verelendung breiter Massen zu schützen. In allen demokratischen Ländern der Erde und darüber hinaus ist heute ein Potential vorhanden, welches durchaus in der Lage ist, auf Grund der ihnen gegebenen Möglichkeiten solche Regierung zu bestimmen, die in ihrer Politik auf die Durchsetzung der allseitigen Menschenrechte und der Erhaltung des Weltfriedens hinwirken. Bisher triumphiert im überwiegenden Maße nicht die Vernunft, sondern der einseitige rationale Verstand in der Weltpolitik. Doch angesichts der heraufbeschworenen Gefahr für die Welt ist das Gewissen der Menschheit, das Weltgewissen, als ein wichtiger Bestandteil der Weltvernunft gefordert. Das Gewissen, die göttliche Stimme, ermahnt uns zu dieser Vernunft.
Wesensmerkmale einer solchen neuen Weltordnung müssen sein:

- *Die UNO erfüllt voll ihre Funktion entsprechend der Charta der Vereinten Nationen. Jede Vormachtstellung gegenüber der UNO durch ein Land oder eine Staatengruppe ist unterbunden. Die Beschlüsse der UNO tragen verbindlichen Charakter und sind von jedem Mitgliedsland oder einer Staatengruppe zu realisieren.*

- *Der Sicherheitsrat ist so strukturiert und in der Lage, die Wahrung des Weltfriedens und der internationalen Sicherheit zu gewährleisten. Die internationale Zusammenarbeit auf wirtschaftlichem und sozialem Gebiet wird entsprechend der Charta voll durchgesetzt.*

Wesensmerkmale einer neuen Gesellschaft

- *Die Durchsetzung der Menschenrechte ist oberstes Gebot für alle Gremien der UNO. Jegliches Streben irgendeines Staates oder einer Staatengruppe auf Vormachtstellung gegenüber der UNO wird unterbunden.*

- *Auf die Wahrung des Weltfriedens und der Humanität sowie sozialer Gerechtigkeit sind die Beziehungen der Religionen untereinander auszurichten. Es fungiert ein Weltparlament der Religionen, das die Entwicklung und Festigung eines wahren religiösen Pluralismus sichert. Durch echte harmonische Übereinstimmung nehmen die Religionen aktiv zu allen globalen Problemen der Welt Stellung und leisten ihren Beitrag zur Lösung der Probleme, dabei wird die strikte Trennung von Staat und Kirche voll aufrechterhalten.*

- *Die Macht des internationalen Geldadels wird unterbunden. Das Primat der profitsüchtigen Ökonomie gegenüber der Politik hat keinen Bestand mehr. Die ungebremste und unkontrollierte Globalisierung des Kapitals wird unterbunden. Eine neue demokratische Weltwirtschaftsordnung sichert allen Staaten entsprechend ihren gegebenen Bedingungen gleiche Chancen für die Entwicklung ihrer Volkswirtschaften. Der Club der G-7-Länder, der die angeblich neue Form der ökonomischen und politischen Herrschaft in der Welt einnahm, wird aufgelöst. IWF, Weltbank und WTO erfüllen ihre Aufgaben entsprechend den neuen Anforderungen der Weltwirtschaftsordnung unter Führung der UNO. Die Hauptquelle aller wirtschaftlichen Verwerfungen und des sozialen Elends durch Finanz- und Marktmanipulationen wird ausgeschaltet.*

- *Die Kluft zwischen den reichen und armen Nationen wird kontinuierlich aufgehoben. Die Produktion der einzelnen Staaten und Staatengruppen wird auf einen gesunden und vernünftigen Konsum ausgerichtet.*

- *Sozialismus und Kapitalismus sind überholt. Die Staaten entwickeln sich zu einer wahren humanistischen Gesellschaftsordnung zu Logoskratien, in denen die Vernunft über die Unvernunft herrscht und die Bevölkerung aktiv auf der Grundlage des parlamentarischen Pluralismus Einfluss auf das Geschehen des Landes nimmt. Der mündige souveräne Bürger hat volle Mitwirkung an politischen Entscheidungen, ohne dass dem System des repräsentativen Parlamentarismus irgendwelche Abstriche gemacht werden. Die Durchsetzung der allumfassenden Menschenrechte steht im Vordergrund jeder Regierung und der Parlamente der Staaten. Die Priorität der Kapitalinteressen vor den gesamtgesellschaftlichen Interessen wird ausgeschaltet. Es wirkt eine sozial und ökologisch regulierte Marktwirtschaft, in der die berechtigten Kapitalinteressen mit den Sozialinteressen der Arbeitnehmer im Einklang sind. Die öko-soziale Marktwirtschaft basiert auf der Grundlage unterschiedlicher Eigentumsformen, die über den freien Markt unter Wahrung der Grundsätze einer ehrlichen Konkurrenz dem ökonomischen und sozialen Fortschritt dienen.*

- *Die Familie als die natürliche und grundlegende Einheit der Gesellschaft steht unter dem besonderen Schutz des Staates und der Gesellschaft. Durch eine gesicherte soziale Ordnung der Familie erlangt die kinderorientierte Ehe ihre volle Bedeutung und sichert eine gesunde Bevölkerungsentwicklung.*

- *Der Monopolstellung beim Zugang zu den Naturschätzen und -ressourcen der Erde durch einzelne Staaten wird Einhalt geboten. Im freien Austausch und unter Wahrung der ökologischen Grundsätze werden die Naturschätze und -ressourcen genutzt.*

- *Die dominante Stellung der Wirtschaftsakteure und Großaktionäre in den multinationalen Konzernen, die weitgehend die politische Bevormundung der Nationalstaaten innehaben, muss unterbunden werden. Die Kapitalflucht zur Erlangung von Maximalprofit darf keine Möglichkeit mehr besitzen.*

- *Wissenschaft und Technik sind nicht mehr wertfrei und wertneutral, sie dienen dem Fortschritt und einer humanen Entwicklung der Gesellschaft. Die Gesellschaft schenkt der Wissenschaft und Technik große Bedeutung und würdigt ihre Leistungen.*

- *Durch Bildung, Erziehung und den Einfluss der Massenmedien werden die ethischen Grundsätze des Menschen und damit die edlen Sitten der Gemeinschaft gefördert. Im Vordergrund steht der humanistische Mensch, der frei ist von Ausbeutung, sozialer Not und moralischer Verwerfung und Dekadenz.*

- *Alle Geheimdienste sind aufgehoben. Die Sicherheit des Staates und der Bürger liegt einzig und allein in den Händen der offenen Organe unter breiter Mitwirkung der Bevölkerung. Das Ränkespiel der Geheimdienste und der Geheimdiplomatie ist unterbunden.*

Alle demokratischen Staaten der Erde und ihre Regierungen können sich nicht mehr der Entwicklung zu einer neuen vom Humanismus getragenen Weltordnung verschließen, wenn sie nicht einer bereits aufkommenden Weltkatastrophe entgehen wollen. Eine besondere Rolle fällt dabei in der gegenwärtigen Zeit den Staaten der G 7, Russland und China zu. Wie weit diese Frage ernst genommen wird, das wird die weitere Entwicklung, insbesondere auch der EU, zeigen. Das Europa-Projekt wird die Herausforderungen, vor denen es steht, nur dann bewältigen, wenn es ein ernst zu nehmendes Gesellschaftsprojekt hervorbringt, welches den Problemen der Zeit gerecht wird. Soziale Gerechtigkeit und Demokratie müssen die Grundpfeiler dieses Gesellschaftsprojektes bilden. Das immer mehr öffentlich geführte Kapputtreden des Standortes Deutschland ist eine gefährliche Tendenz für die weitere Entwicklung der gesamten EU. Deutschland ist und bleibt der größte Leistungsträger innerhalb der EU und trägt eine große Verantwortung für die weitere Entwicklung dieser Staatengemeinschaft.

Wesensmerkmale einer neuen Gesellschaft

Die EU darf keinen neuen Machtblock innerhalb des Weltsystems bilden, sondern muss seine ökonomische und militärische Kraft in den Dienst der Weltorganisation stellen und für eine neue humanistische Weltordnung eintreten. Das Bild einer humanistischen Weltordnung ist schon heute in der Charta der Vereinten Nationen einschließlich der Menschenrechte festgeschrieben. Diese Grundsätze warten auf ihre Realisierung und dazu sind alle Völker dieser Erde aufgefordert ihren Beitrag zu leisten.

Diese Wesensmerkmale einer neuen Gesellschaftsordnung in der Welt sind keine Utopien. Die gegenwärtige Situation auf dieser Erde ist nicht gottgewollt. Sie ist das ausschließliche Werk der Menschen und es kann und muss dank der dem Menschen gegebenen Vernunft in eine humane und menschenwürdige Entwicklung gelenkt werden. Bisher bestimmte die Unvernunft im entscheidenden Maße die Realität dieser Welt und jede vernünftige Ansicht über die Welt wurde zur Utopie erklärt.

Utopien sind Ideen ohne eine reale Grundlage und mit der Wirklichkeit tatsächlich nicht vereinbar. Wenn diese Wesensmerkmale einer neuen Gesellschaft Utopien bleiben, dann wäre es um die Menschheit sehr schlecht bestellt. Es wird aber mit voller Gewissheit die Zeit kommen, wo diese so genannten Utopien zur Wirklichkeit werden und die göttliche Vernunft die Realität dieser Welt bestimmen wird.

Literaturnachweis

[1] Propyläen Weltgeschichte Bd. 1,
     Berlin-Frankfurt/M 1961

[2] Paul Davies, „Gott und die moderne Physik",
     Bechtermünz-Verlag, genehmigt für Weltbild-Verlag GmbH,
     Augsburg 1998

[3] Max Scheler, „Die Stellung des Menschen im
     Kosmos", Nymphenburger Verlagshandlung, München 1949

[4] J. J. Rousseau, „Emil oder über die Erziehung",
     UTB 115, 10. Auflage 1991

[5] Siegmund von Gleich, „Die Wahrheit als Gesamtumfang aller
     Weltansichten",
     und J. Ch. Mellinger, Stuttgart 1957

[6] Karl Jaspers, „Der philosophische Glaube angesichts der
     Offenbarung", R. Pieper u. Co. Verlag, München 1962

[7] René Descartes,„Ausgewählte Schriften",
     Verlag Philipp Reclam jun. Leipzig 1980

[8] Helmuth von Glasenapp, „Die fünf Weltreligionen",
     Eugen Diederichs Verlag, Sonderausgabe 1996

[9] „Die Geschichte der Philosophie",
     Deutsche Erstausgabe Weltbild Verlag GmbH,
     Augsburg 1998

[10] J. Gottfried Herder, „Auch eine Philosophie", Bd. 2, Volksverlag
     Weimar 1963

[11] Max Scheler, „Philosophische Weltanschauung"
     Franke Verlag Bern 1954

[12] Klaus Hornung, „Der faszinierende Irrtum Karl Marx und die
     Folgen",
     Herderbücherei Verlag Herder Freiburg 1978

Literaturnachweis

[13] Aristoteles, „Metaphysik",
      Reclam Universal-Bibliothek Nr.: 7913

[14] Albert Einstein, „Mein Weltbild",
      Verlag Ullstein Frankfurt/Main; Berlin, 1993

[15] Karl Lowith, „Wissen, Glaube und Skepsis",
      Vandenhoeck u. Ruprecht, Göttingen 1956

[16] Aloys Wenzl, „Metaphysik als Weg von den Grenzen der
      Wissenschaft an die Grenzen der Religion", Verlag Styria Graz
      1956

[17] Ernst Topitsch, „Vom Ursprung und Ende der Metaphysik",
      Springer-Verlag Wien 1958

[18] Johann Gottlieb Fichte, „Die Bestimmung des Menschen", Philipp
      Reclam jun. Stuttgart 1981

[19] M. Bircher-Benner, „Fragen des Lebens und der Gesundheit",
      Wendepunkt-Verlag Zürich-Leipzig-Wien

[20] Karl Leonhard, „Biologische Psychologie",
      Johann Ambrosium Barth Leipzig 1966

[21] Ludwig Feuerbach, „Das Wesen des Christentums"

[22] Max Horkheimer, „Zur Kritik der instrumentalen Vernunft",
      Fischer Taschenbuch-Verlag Frankfurt/M 1985

[23] Immanuel Kant, „Kritik der Urteilskraft",
      Philipp Reclam jun. Stuttgart 1963

[24] Horst Geyer, „Über die Dummheit",
      VMA-Verlag Wiesbaden 1984

[25] Kurt Hübner, „Kritik der wissenschaftlichen Vernunft",
      Verlag Karl Alber Freiburg/München 1978

[26] Hans Poser, „Wandel des Vernunftsbegriffs",
      Verlag Karl Alber Freiburg/München 1981

[27] H. G. Stoker, „Das Gewissen",
      Verlag v. Friedrich Cohen in Bonn 1925

[28] Béla Weissmahr, „Gottesfrage und Vernunft",
St. Bruno-Verlag GmbH Leipzig 1989

[29] August Messer, „Glauben und Wissen",
Ernst Reinhardt Verlag – München 1924

[30] Hans Küng, „Projekt Weltethos",
Piper München-Zürich 1992

[31] Ludwig Landgrebe, „Philosophie der Gegenwart",
Ullstein Buch Nr. 166 Berlin 1961

[32] Karl Jaspers, „Vom Ursprung und Ziel der Geschichte",
Gutenbergverlag Frankfurt/M 1960

[33] Arnold J. Toynbee, „Propyläen Weltgeschichte", Bd. 2

[34] F. M. A. Voltaire, „Philosophisches Wörterbuch",
Verlag Philipp Reclam jun. Leipzig 1984

[35] Alfred Heus, Die archaische Zeit in „Propyläen Weltgeschichte",
Bd. 3

[36] Martin Rang, „Rousseaus Lehre vom Menschen",
Vandenhoeck u. Ruprecht Göttingen 1959

[37] J. J. Rousseau „„Diskurs über die Ungleichheit",
2. Auflage UTB Schoningh 725, 1984

[38] J. Gottfried Herder, „Eine Metakritik zur Kritik
der reinen Vernunft", Stuttgart u. Tübingen in der
I. G. Gotta'schen Buchhandlung 1830

[39] Immanuel Kant, „Kritik der praktischen Vernunft", Philipp
Reclam jun. Stuttgart 1961

[40] Immanuel Kant, „Die Metaphysik der Sitten",
Werkausgabe Bd. VIII Suhrkamp,
Taschenbuch Wissenschaft 190, Erste Auflage 1977

[41] Katharina Kanthack, „N. Hartmann und das Ende der Ontologie",
Verlag Walter de Gruyter u. Co. Berlin 1962

[42] N. Hartmann, „Zur Grundlegung der Ontologie",
Verlag Walter de Gruyter u. Co. Berlin 1965

[43] Hubertus Mynarek, „Ökologische Religion. Ein neues Verständnis
der Natur",
Goldmann Verlag München 1986

[44] J. Gottfried Herder, „Briefe zur Beförderung der Humanität",
Herders Werke Bd. 5 Verlag Weimar 1963

[45] Joel Schumacher, Berliner Zeitung Nr. 182 v. 07.08.2003,
„Die moralischen Verbrechen"

[46] Peter Ustinov, Berliner Zeitung Nr. 253 v. 30.10.2003, „Die Welt ist
bunt"

[47] Jan Ross, Berliner Zeitung Nr. 66 v. 19.03.1998,
„Den Felsen Petrie schwimmen lassen"

[48] Karl Jaspers, „Über Bedingungen und Möglichkeiten eines neuen
Humanismus", Reclam 1993

[49] Aristoteles, „Nikomachische Ethik",
Philipp Reclam jun. Stuttgart 1997

[50] Erich Fromm, „Haben oder Sein", Deutscher Taschenbuch Verlag
GmbH u. Co. KG, München 1991

[51] Samir Amin, „Die Zukunft des Weltsystems",
VSA-Verlag Hamburg 1997

[52] Kurt Pfeifer, Leserbrief in der Berliner Zeitung v. 22.10.1997

[53] G. W. F. Hegel, „Grundlinien der Philosophie des Rechts",
Akademie-Verlag Berlin 1981

[54] F. Engels, „Anti-Dühring",
Ausgewählte Werke in sechs Bänden, Bd. V

[55] Karl Marx, Marx-Engels-Werke Bd. 19,
Dietz Verlag Berlin 1960

[56] Dorothee Sölle, Zeitungsartikel „Ansichten zur Zeit", Neues
Deutschland v. 29./30. Mai 1993

Literaturnachweis

[57]   Lehrbuch, „Grundlagen des Marxismus-Leninismus", Dietz Verlag
       GmbH Berlin, 1. Auflage 1960

[58]   K. R. Popper, „Auf der Suche nach einer besseren Welt", Serie
       Pieper München/Zürich 1987

[59]   Johannes Paul II., „Wir fürchten die Wahrheit nicht", Verlag
       STYRIA Garz, Wien, Köln 1998

[60]   Dalai Lama, „Das Buch der Menschlichkeit",
       Bastei Lübbe Taschenbuch Bd. 60514

[61]   Heleno Sana, „Die verlorene Menschheit",
       Patroos Verlag Düsseldorf 1994

[62]   Heiner Geißler, „Was würde Jesus heute sagen",
       Rowohlt Berlin 2003

[63]   Michel Chossudovsky, „Global Brutal",
       Zweitausendeins Frankfurt/M 2002

[64]   Michael Moore, „Volle Deckung MR Bush",
       Piper Verlag GmbH, München 2003

[65]   Lehrbuch, „Grundlagen der marxistischen Philosophie", Dietz
       Verlag Berlin 1959

[66]   Aristoteles, „Politik, Schriften zur Staatstheorie",
       Philipp Reclam jun. Stuttgart 1989

[67]   J. J. Rousseau, „Vom Gesellschaftsvertrag",
       Philipp Reclam jun. Stuttgart 1977

[68]   H.-J. Bontrup, „Arbeit, Kapital und Staat",
       Papy Rossa Verlag Köln 2005

[69]   Oskar Lafontaine, „Politik für alle",
       Econ Ullstein Buchverlag GmbH, Berlin 2005

[70]   „Enzyklopädie der Philosophie", Deutsche Ausgabe; Weltbild
       Verlag GmbH, Augsburg 1992

Literaturnachweis

[71] Jan Moewes, „Für 6 Euro 50 durch das Universum. Über Zeit, Raum und Liebe",
Herausgeber Zweitausendeins Frankfurt/M. 2005

[72] Wilhelm Dilthey, „Die geistige Welt", Stuttgart 1957

Zeitfracht Medien GmbH
Ferdinand-Jühlke-Straße 7
99095 Erfurt, Deutschland
produktsicherheit@kolibri360.de